【事例で学ぶ】

成功するDMの極意

SECRETS OF SUCCESSFUL DIRECT MAIL

全日本DM大賞年鑑2021

DMという広告媒体の本当のすばらしさを伝えていきたい

「全日本DM大賞」は、過去一年間に企業から実際に発送された
ダイレクトメール（DM）を全国から募り、優れた作品を表彰する賞です。

マス広告と違い、受け取った人にしかわからない、いわゆる「閉じた」メディアであるDMは、
具体的な事例が手に入りづらく、なかなかその効果や特性を知る機会がありません。
それと同時に、非常に緻密な戦略に基づいて制作されたDMが、
ほとんど評価されることなく埋もれてしまっているのも事実です。

「全日本DM大賞」は、DMの入賞および入選作品を通じ、
広告メディアとしてのDMの役割や効果を広く紹介するとともに、
その企画制作に携わった優秀なクリエイターたちに評価の場を提供したいとの想いから、
1987年から毎年実施し、今年で35回目を迎えたものです。
今回の入賞作品も、綿密な戦略に基づき制作され、
かつ優れたレスポンス結果を残している成功事例ばかりです。

本書は2009年から続けて13回目の出版となります。
顧客コミュニケーションの設計にかかわる読者の皆さまにとって
何らかのヒントになれば幸いです。

最後に取材・制作にご協力いただきました各広告主・制作者さま、審査員の皆さま、
示唆に富むコメントをくださった識者の皆さま、
全日本DM大賞にご応募くださったすべての皆さまに、心から感謝申し上げます。

令和3年4月　日本郵便株式会社

【事例で学ぶ】成功するDMの極意 全日本DM大賞年鑑2021
CONTENTS

第 3 部

第35回全日本DM大賞 概要

募集期間	2020年9月1日から10月31日（当日消印有効）まで
募集作品	2019年4月1日から2020年9月30日までに制作され、 実際にDMとして発送されたもの
応募資格	DMの広告主（差出人／スポンサー）、DMの制作者（広告会社、制作プロダクション、印刷会社など）
応募総数	712点

審査過程

応募712点

一次審査通過（127点）

2020年11月
応募フォーム記載情報による審査

二次審査通過（38点）

2020年11月
9人の二次審査委員によるスコアリング

最終審査

2020年12月
11人の最終審査委員による
スコアリング、協議および投票

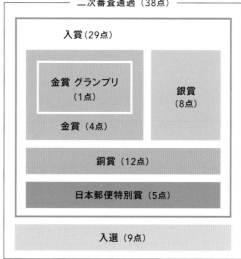

※ 入賞作品の中から「審査委員特別賞」3点、
入選以上の作品の中から「日本郵便特別賞」を別途選定した。

■ スコアリング方法

応募されたDM、および応募フォーム記載情報に基づき、
「戦略性」「クリエイティブ」「実施効果」の3項目について、
各審査委員が5段階で評価。

■「日本郵便特別賞」について

「戦略性」「クリエイティブ」「実施効果」の3軸の総合点で
は評価しつくせない、キラリと光る尖った要素を持つ作
品を選出した。

■ 入賞作品の決定

最終審査の総得点順に1位から4位を金賞、5位から12
位を銀賞、13位から24位を銅賞とした。金賞4作品の
中から、協議と投票によりグランプリを選出。また、グラ
ンプリを除く銅賞以上の作品の中で、各項目別の得点に
基づく上位作品から協議と投票により、「審査委員特別賞」
（データドリブン部門、クリエイティブ部門、実施効果部門
それぞれ1作品）を選出した。

第1部

DMの持つ「人を動かす力」を解き明かす

コロナ禍だからこそ光るDMの価値
成果の秘訣は顧客に対する熱量にあり

田村亮子 × 笹嶋理恵子

コロナ禍でデジタル化が進んだ昨今、DMの価値はどのように変わったのだろうか。
第34回「全日本DM大賞」グランプリを受賞した東京個別指導学院の笹嶋理恵子氏と、
制作を担当したフュージョンの田村亮子氏の対談から考える。

顧客の課題を解決するDM
子どもの幸せを願う親心に着目

——第34回「全日本DM大賞」グランプリは、「受験生の母子手帳DM」の作品で、東京個別指導学院が受賞しました。このDMを制作した背景について教えてください。

笹嶋：DMで既存顧客、中でもお子さんではなく保護者の方の悩みを解決し、エンゲージメントの向上に結び付けることを目的として始めました。私たちの顧客である保護者の方が最も悩んでいることは何なのかを考えると、精神的にナイーブになっている受験生の子どもと、実際にコミュニケーションをとることに悩んでいる保護者が多いことに気づいたのです。入塾する一番の目的は、もちろん成績を上げることですが、その裏には「子どもに幸せになってほしい」という保護者の願いが込められています。保護者と生徒の橋渡し役として、この悩みを解決できる手段はないかと熟考し、思いついたのが「母子手帳」という形でした。。

田村：笹嶋さんから、保護者の方が生徒であるお子さんとの間で抱える悩みを解決できるようなDMをつくりたいという想いをお聞きしていました。その期待に応えるべく、何度も議論を重ねて制作に至ったのが、今回の受賞作品です。受験期における「親子のコミュニケーション」を支える役割を担う、理想形に近いものができたと思います。

——受賞を経て、社内でのDMに対する考え方にも変化があったのではないでしょうか。

笹嶋：今回の受賞は、社内のマーケティング活動の士気を高めることにもつながりました。自分たちが制作したDMを社外の人に評価してもらう機会はなかなかないですし、「受賞」という事実により、これまで部内で積み上げてきたことが認められたように思えて、モチベーションアップにもなりました。

コロナ禍の今、考えるDMの価値
顧客に情報と思いを"直接"届ける

——デジタル化に拍車のかかる、今だからこそ光るDMの価値はどこにあると思いますか。

田村：この状況下だからこそ、DMを作成したいという声は増えています。例えば、BtoBの企業では対面での営業が難しくなり、コンタクトを取るための手段としてDMを活用しようとする動きが顕著になっています。理想はデジタルとアナログの双方を使いこなすことです。ただ人的営業の代替として考えると、温かみのある紙のコミュニケーションツールの有用性が再認識されているのだと思います。BtoBに限らず、先行きが不透明な時代だからこそ、企業の思いをしっかり伝えることが求められている。そうしたコミュニケーションにおいて、DMは有効な手段と言えるのではないでしょうか。

笹嶋：また、意外と回覧性が高いのも特長のひとつ。デジタルだと、受信者だけが読むだけで次の情報共有につながらないことも多いですが、紙媒体は「回し読み」ができますよね。例えば、家に届いたDMを親子で共

> 温かみのある紙のコミュニケーションツールの有用性が再認識されている。

フュージョン
企画・推進グループ　企画・推進2部　マネージャー

Ryoko Tamura

『宣伝会議』2020年11月号より転載

Rieko Sasajima

東京個別指導学院
マーケティング部

> 紙媒体は「回し読み」ができるので、家族や企業内での次の情報共有につながる。

有し、家族単位で企業やサービスについての理解を深めてもらうことにもつながります。

田村：これは企業内でも同じことが言えます。企業向けのDMが、社内で若手社員から代表者の方まで回覧され、情報が隅々まで行き届くケースも多いです。このような情報の拡散力や知名度定着という面においても、DMの価値は見出せるのではないでしょうか。

――コロナ禍で再認識されたDMの強みですが、実際に社内でDM戦略は変わりましたか。

笹嶋：当社では、DMをよりプッシュ媒体として位置づけるようになりました。これは、企業の思いをしっかりと伝えられるだけでなく、ターゲットに合わせたメッセージを直接届けられるというDMの特長を考慮した上でのことです。一人ひとりに合わせたコミュニケーションを"直接的に"とる方法のひとつとして、DMを重要媒体として扱うようになりました。

田村：コロナ禍だからあえてメッセージを変える、というわけではなく、普段からターゲットのインサイトを捉えてアプローチすることが

DMには求められていますよね。顧客の心をつなぎ留めておくために、企業のブランドイメージを壊さない、かつ届いたとき何か驚きのあるものを追求していかなければなりません。

心を動かす決め手は
顧客を思う熱量の強さ

――改めて「全日本DM大賞」をどのように捉えていますか。

田村：なかなかクライアントと一緒につくったDMを発表する場はないので、このような機会があると、私たちの視野を拡げることにもつながりますし、他の企業がどのような取り組みをしているのかも知ることができてあ

りがたいと思っています。

――応募する方々に、アドバイスをお願いします。

笹嶋：良いDMとは顧客の心を動かすことができるものだと思います。クリエイティブも大事ですが、それ以上に顧客の気持ちに寄り添う姿勢があるかどうかが成果につながってくると思います。

田村：これまで応募を続けてきて思うことは、DMを受け取る人たちのことをしっかり考え、苦労を重ねてつくったものが結果的に評価されるということです。しっかり相手のことを考えられた作品が、受賞できる賞なのではないかと思っています。

▲第34回「全日本DM大賞」グランプリを受賞した東京個別指導学院のDM作品「受験生の母子手帳DM」。

企業の思いが透けて見える時代
DMはファンへのお手紙に

中井孔美子 × 津田匡保

情報量が無限に増えていく昨今。企業が生活者にメッセージを伝えることは難しくなっている。
そんな状況下で、DMはいまどんな役割を担っているのだろうか。また、そこに期待されることとは?
本賞の審査委員の中井孔美子氏とマーケティング実務者の津田匡保氏による対談を通じて考えていく。

コロナ禍で変わるDMの役割

——コロナ禍によって、企業の動きはどのように変わっているのでしょうか。

中井：急激にデジタルに舵を切る企業が増えています。消費者側も一気にデジタルにシフトせざるを得ない状況になり、企業に求めるものも変化してきていると感じています。そんな中で企業は改めてお客さんと向き合い、行動を見つめるきっかけになっているのではないでしょうか。

津田：コロナ禍前からそうですが、今は情報が伝わりにくい時代になっています。情報量が無限に増えている中で企業は生活者に伝えたいことを伝えないといけません。コロナ禍でライフスタイルや価値観が変わり、お客さんがより企業の本質的な部分を見るようになってきました。そこが、これから企業が活動していく中で重要なことだと思います。変わる生活者に合わせて、企業も変わっていかないといけません。

——企業のマーケティング活動で、課題になっていることは。

津田：日本でこれから人口が減っていく中、新規獲得だけで成長していくのは限界があります。新しいお客さんばかりではなく、今いるお客さんを大切にしていくという発想が重要になっているのです。そのため、企業がどういう風な未来を考えているのか、貢献していきたいと考えているのかということを伝えていく必要があります。価値を伝えていくうえで、デジタルだけでは不十分です。デジタルはひとつの手段。全体のコミュニケーション設計をすることが重要かなと思います。

中井：その流れで言いますと今は、お客さんと信頼関係を築き、好きになってもらう良い機会だと捉えられますね。

津田：はい。機能だけでなく感情でファンになってもらえればお客さんは離れません。LTVを見ていく上では、今の購買データだけを見ていてはミスリードします。購買の裏にある感情に踏み込んでいくことが大切です。ですがそうなると、「感情の可視化」が課題になると思っています。私も前職時代からいろいろトライしてきましたが、現状では「感情を可視化する指標」としてしっくりとくるものがありませんでした。人の感情って複雑なものなのです。そのため当社では顧客の感情を可視化して向き合っていくために、ファン度を測る指標を軸にしたサービス「ファンベース診断」を自分たちでつくりました。

> DMをきっかけに、いかにお客さんに
> 心地よい体験をしてもらえるのかが重要。

トッパンフォームズ
企画販促統括本部 企画本部
CX制作部 調査分析グループ　マネージャー

Kumiko Nakai

自分にこのDMが届いたら、
「自分は共感するのか」
という視点で企画を考えてみては。

Masayasu Tsuda

ファンベースカンパニー
代表取締役社長／CEO

中井：やはり感情を把握することはキーですよね。当社でも、脳の微弱な電流を測り、生体反応から消費者の感情に何がどう影響するのか、科学的なアプローチで行動を分析しています。企業や商品との接点において、いかにお客さんが喜んでくれる体験をしてもらえるか、企業は考えていく必要があります。

──そういった状況の中、DMが果たせる役割について教えてください。
津田：基本的には、企業の「思い」を紙で伝えるとても有効なツールだと思っています。DMは前職時代にもよく使っていました。ですが、先ほどの指標の話のように、受け手が何かリアクションをしてくれないと効果やそもそも感情なども測れない課題はあります。効率を重視して、CPAがいくらなのかとなりがちですが、反応しなかった人の感情がどうなっているのかは、今後掘りがいのあるテーマだと思います。
中井：DMは企業とお客さんとのお付き合いの始まりです。当社では毎年DMに関する自主調査をやっていますが、2019年度の結果でDMを手に取った時に「どの企業から来たDMなのか」が開封するかどうかの一番の判断基準になるということが分かりました。信頼関係ができている企業からのDMはきちんと読んでもらえる可能性が高いのです。大量に届くEメールなどのデジタル情報はその瞬間に見てもらえないとスルーされてしまう

可能性がありますが、DMは「お手紙」といった感じで受け取ってもらえるのだと思います。しかも、手元にとっておいていただける。
津田：紙の良さはありますよね。カタログ通販を行っている会社さんがファンに聞いたところ、カタログをお風呂に入りながら読む人がいました。デジタル化はこれからも進んでいきますが、紙が届いている人には届いています。両方の良さを最大化して、両輪で使っていくということが大事ですね。
中井：紙とデジタルの両立はまだ明確な正解があるわけではありませんので、新しい時代の中で試行錯誤していく必要がありますね。

──お二人が考えるDMアイデアは。
津田：中井さんのお話にもありましたが、DMは「お手紙」だと思っています。好きな人からはうれしいし、その思いが書かれているとさらにうれしいもの。そのため理想は「文通」です。受け手の企業側が大変かもしれませんが、単発プロモーションの案内でなく、お客さんと関係を結んでいく、キャッチボールできるDMがあればいいなと。お客さんが書けるスペースがあり、返送できるのです。また、DMからいきなり購買を促すのではなく、一度オンラインミーティングに誘ってみる、そこで企業の思いをしっかり伝えるということもよいのではと考えています。オンラインミーティングの参加チケットを送るイメージです。

中井：家族でシェアできるDMがあればいいですね。例えば、お母さん宛のDMをお父さんやお子さんとシェアできる。事前に企業側が送り先の家族構成が分かるようであれば、お父さん向けの情報、お子さん向けの情報などをひとつのDMにして送ることができます。それを家族みんなでシェアしながら見てもらう。これは紙ならではのアイデアです。印刷技術も進化していますので、送り先ごとに内容を変えることも可能です。外出自粛・在宅勤務が増えたので、家族時間を楽しめるDMがあってもいいと思います。

──全日本DM大賞に期待することは。
中井：近年の応募作品は、デジタルと紙が融合した作品が増えており、そうした作品が賞をとってきています。それらの組み合わせも大事ですが、企業の「思い」をどうお客さんに伝え、DMをきっかけにいかにお客さんに心地よい体験をしてもらえるのかが重要だと思います。こうした企業の「思い」がつまった作品が本賞で取り上げられることを期待しています。
津田：これからの時代、「共感」がキーワードになってきます。コロナ禍によって、「企業も人である」と生活者が改めて実感しました。例えば小売店の店員さんも大変な環境下で、サービスを届けるために店頭に立ってくれています。そのため、企業ももっと「人」を感じさせる施策を行ったほうがよいのではないでしょうか。生活者に企業の思いが透けて見えてしまう時代です。自分の家にこのDMが届いたら、「自分は共感するのか？」という観点で、DM企画を考えてもらえると、よりこの賞も盛り上がると思います。

11

「唯一無二」のブランドをつくる
DMを通じた体験価値の設計

河中裕哉 × 吉柳さおり

コロナ禍で消費者との接点が変化する現在。
プランニング、クリエイティブの両面から体験価値の設計の重要性が増している。
デジタルコミュニケーションだけでなく、アナログな紙メディアの価値が見直される側面もあるといえるだろう。
第35回全日本DM大賞審査委員を務めるADKマーケティング・ソリューションズの河中裕哉さんと、
マーケティング・コミュニケーション全般に詳しいベクトルの吉柳さおりさんが語る。

EC合戦の中でブランディングが重要に

—— コロナ禍での消費、コミュニケーションの変化として感じていることは。

河中：2019年から全日本DM大賞の審査に参加していますが、この1年、コロナ禍で消費者との接点のつくり方が大きく変わりました。セールスプロモーションの現場では外出自粛の影響もあり、リアル店舗での買い物がプレミアムな体験になっていますよね。先日、地元のホームセンターに行ったらすごく混雑していて、巣ごもりに欠かせない生活雑貨も飛ぶように売れていた。誰もがリアルでの体験そのものに飢えているんだなと思いました。

吉柳：私自身、ベクトルグループでD2C事業やダイレクトマーケティングに携わる機会があるのですが、コロナ禍ではそういった"体験価値"の在り方がずいぶん変わってきていると思います。スマートフォン経由で得る情報量が多くなることはもちろん、在宅が増えたことでメディア接触の方法も変わりつつありますよね。

河中：そういった環境下で、DM（ダイレクトメール）の役割がどのように変わってきたと思いますか?

吉柳：在宅でデジタルでの情報取得が増えたぶん、手触りのある紙メディアのありがたみを感じている人も多いのではないかと思いますね。私も家にいることが増えたので、以前よりも郵便物をきちんと開封して目を通すようになりました。

河中：デジタルといえばECサイトも増えましたが、ECを通じてブランドの個性を出すのってすごく難しい。CPA（Cost Per Action）を重視すると、どのサイトも横並びの設計になってしまって顧客に商品の魅力やストーリーが伝わらない、と悩んでいる企業も多いようです。大手ECモールのように見た目が平準化されてしまうなら、むしろ小さい会社が熱量をもって設計したサイトの方がブランドストーリーを感じられて効果的ということもある。どんなに組織的にA/Bテストを経たサイトでも、得られる効果に限界があるなと思いました。これはDMも同様だと思います。

吉柳：OMO（Online Merges with Offline）が浸透するなか、店頭施策だけでは売れないしECのインフラを構えたからって売れるわけではない、という難しさがありますよね。特にEC合戦のなかで、ブランディングの重要性というものが際立ってきました。私はPRやマーケティングを専門としていますが、広告とPRの境目もますますなくなっています。かつてはメディアやWebを通じた話題化がミッションでしたが、消費者にプロダクトを見つけてもらって語ってもらい、その広がりをメディアが取り上げる構図をつくり出せるか、という形に変わってきたという側面もありますね。そのためにもブランディングが重要です。

河中：そのとおりですね。最近ではメールで届くニュースレターについて相談を受けることも増えましたが、やはり優れたブランドのメッセージは強い。シンプルなメールマガジンひとつとっても世界観があります。それはリアルのDMも同じで、「DMだからこうあるべき」という発想から脱却して、ゼロから世界観づくりを考えてみる必要があるのかなと感じます。

> 受け取る側のタイミングやインサイトを捉え、シーズナルな要素を入れることも重要。

ADKマーケティング・ソリューションズ
ダイレクトビジネスセンター　統合プランニングユニット
データクリエイティブラボ クリエイティブ・ディレクター

Yuya Kawanaka

『ブレーン』2020年11月号より転載

Saori Kiryu

プラチナム 代表取締役
ベクトルグループ 取締役副社長

唯一無二の個性を生み出すDMを

——最近、印象に残っているDMの事例はありますか

吉柳：私はオンリーワンの、唯一無二の個性を生み出せるようなDMに関心があります。いち消費者として最近面白かったのが、とある化粧品ブランドのリップスティックのキャンペーン。アンケートに答えると、回答内容に応じて適した色のアイテムが全員に届くという企画でした。しかも自分が回答した今の気持ちの言葉のハッシュタグが印字されたカードが同封されているんです。パッケージもシンプルで、いかにも商品サンプリングという佇まいでもない。まさに「私のために届けられたもの」という気持ちになりました。つい他の色も欲しくなるので、店頭誘引施策にもなっています。

河中：デジタルで参加して、リアルで受け取れるというのはすごくいい体験ですよね。

吉柳：そうなんです。実際にInstagramなどでもシェアしている人が多くて、つい語りたくなる。ある意味、新しい形のプロダクト付きDMだと思いました。しかもアンケートに答えてから、それほど時間を置かずに届いたのも好印象で。パッケージを開けるときのワクワク感も含めて、これこそ「あなただけに」という唯一無二の存在になるブランド体験だと思います。

河中：いいアイデアですよね。絶対に人に見せたくなるし、DMがこういう機能を持つことができたら強いと思います。

吉柳：先ほど、CPA重視の施策が行き詰まっているという話がありましたが、こういった状況下で力を発揮してくれるのがクリエイティブアイデア。ブランドが持っているメッセージやストーリーをいかに届けるか。そして、ストーリーを感じる気持ちと態度をどう形成するか。そのために受け取る側のタイミングやインサイトを捉え、シーズナルな要素を取り入れるのも重要です。DMというと既存顧客のLTV向上を目的とするケースが多いと思うのですが、こうしたクリエイティブの力を駆使すれば新規顧客の獲得にもつながる。有意義な顧客体験はそのくら

> 手触り感のあるDMは、デジタルネイティブ世代に新鮮に捉えられるのではないか。

いのパワーがあると実感しました（図1）。

地方にこそ面白いアイデアがある

河中：ものをつくっている当事者が、自らの熱量をダイレクトに伝えようとするのはとても健全なことですからね。大手広告会社発でなくとも、クオリティの高いDMが生まれる現場がたくさんあると思います。昨年の審査でとても印象に残っているのが、石川県にある大衆食堂「味一番」のDM。コストの制約があるなかで、人力でOne to Oneマーケティングを実現しようという熱意が感じられました。

吉柳：地方にこそ面白いアイデアがありそうですし、まさに"クリエイティブ・ダイバーシティ"の実現ですね。AIやCRMツールなどのテクノロジーを活用するのも必要ですが、それらを凌駕する可能性のあるオン

リーワンのDMのクリエイティブの開発にぜひ挑戦してほしいと思います。

河中：地方の広告会社や制作会社の皆さんも、DMなど顧客接点の設計に関わるケースも多いはず。熱量の高い作品を送っていただきたいですね。

吉柳：リアルで手触りのあるものを郵送で送るというDMの手法は、デジタルネイティブの世代に新鮮に捉えられる可能性があるという点でも期待が大きいと思います。消費者はターゲティング広告に追いかけられることに疲れているので、手づくり感のあるパーソナルコミュニケーションは歓迎されるはず。そのためにブランドの一番優れている部分をどう伝え、クリエイティブに変換していくか。そういう視点がこれから必要とされるのではないでしょうか。

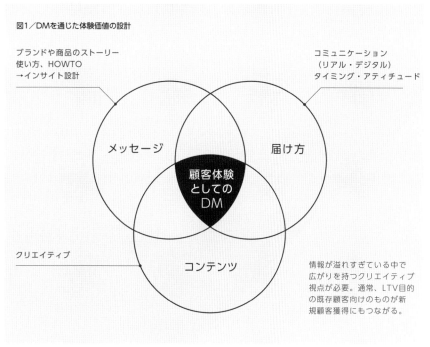

図1／DMを通じた体験価値の設計

ブランドや商品のストーリー
使い方、HOWTO
→インサイト設計

コミュニケーション
（リアル・デジタル）
タイミング・アティチュード

メッセージ　　届け方

顧客体験としてのDM

クリエイティブ

コンテンツ

情報が溢れすぎている中で広がりを持つクリエイティブ視点が必要。通常、LTV目的の既存顧客向けのものが新規客獲得にもつながる。

吉柳さん作成

応募作品に見るDM活用

DMは全国区の企業から個店に至るまで幅広く活用できるマーケティングツールです。
本書には、さまざまな業種の作品が掲載されています。
綿密な戦略やクオリティ―の高いクリエイティブの作品が目白押しですが、
初めてDMの制作にチャレンジする方にも参考になるポイントを紹介します。

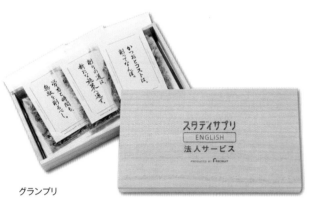

グランプリ
リクルートメディアパートナーズ「スタディサプリENGLISH」

ケイシイシイ「小樽洋菓子舗LeTao」

東京個別指導学院

ビズリーチ（ビジネスマーケティング部門）

ターゲットを知る
DMを受け取る人の心理を徹底的に研究

「DM」という言葉を聞いたとき、読者の皆さまはどんなものを思い浮かべるでしょうか。最近でこそ、SNSなどのダイレクトメッセージを連想される方も多いかもしれませんが、家のポストに届くDMと言えば、圧着ハガキや大判サイズのDMなどを思い浮かべる方が多いのではないでしょうか。しかし、本賞の受賞作品をご覧いただくと、DMのクリエイティブの多様さやさまざまな手法に目を奪われ、DMに対する認識が変わるのではないかと思います。

中でも、グランプリ、および金賞を受賞した4作品はいずれもそれぞれの企業ならではの手法を使い、独自性のあるクリエイティブでターゲットに大きく訴求した事例です。見た目はまったく異なる4つのDMですが、ひとつ大きな共通点があります。それは、DMの送付先となるターゲットをよく研究しつくしているということです。

グランプリを受賞したリクルートマーケティングパートナーズの「スタディサプリENGLISH」は、2種類の箱型DMを用意し、その中にメッセージを入れて、人事部長に送付しています。そこに書かれたメッセージは、日ごろ人事部長が頭を悩ませている「働き方改革」がテーマ。それは、DMを手にした人事部長の心に響くものでした。金賞を受賞したビズリーチもターゲットは人事部門。こちらも日頃多くのDMを受け取る人事部門の担当者に確実に目に留めてもらうべく、「履歴書型DM」を制作しました。どちらも送付先が多忙な人であり、なおかつ多くのDMを受け取る立場にあるがために、どういうメッセージであればその人たちの心に響き、手にしてもらえるのか。またそれを部内で話題にし、社内で回覧してもらうにはどうすればよいのかなどを熟考して生まれたクリエイティブの形です。

金賞を受賞した東京個別指導学院が制作した「赤い糸電話DM」も、送付先である高校3年生の心理に深く迫ったメッセージ。ケイシイシイ「小樽洋菓子舗（LeTAO）」のパスポートをイメージしたDMは優良顧客に向けたものですが、LeTAOファンがさらに喜んでくれる企画は何かを考え、1年間を通して実施したものです。

いずれのDMも形としてのユニークさやクリエイティビティもさることながら、ターゲットの深層心理に深く迫ったメッセージが効果につながる大きな鍵になっています。

楽しんでもらう
ほんの少しの工夫で注目度は高まる

DMの強みは、実物を手元に届けることによって、リアルな顧客体験を提供できることにあります。感情に深く訴えかけられるため、「驚き」や「面白さ」など、クリエイティブ次第でターゲット層の興味を引きだすことができます。

アミューズメントメディア総合学院は、入学資料請求者を対象に連載マンガ風のDMを週に1度、全6回送付しました。前回のあらすじや予告を入れ、次が届くのが楽しみになるような仕掛けを施し、手にした人たちの記憶にしっかりと残るDMになりました。

入選のイオンペットのDMは、ペットオーナーに感染予防パックのお知らせをするもの。表側はふつうの封筒ですが、裏側にしっぽを付けています。それによってペットに関するDMであることを知らせると共に、手にした人を笑顔にするようなクリエイティブになっています。

同じく入選のJALのミモザの花束DMは、3月8日の国際女性デー「ミモザの日」に男性から女性にメッセージを送ることをコンセプトとし、メルマガ応募者の男性に、ミモザの花束を描いたクラフト紙製のメッセージカードを送付しました。同封したのは、黄色いリボン。男性が女性に感謝を伝える際に、思いを込めて自らリボンを結んでもらえるよう、演出しています。

特別なパッケージのDMが目を引くことはもちろんですが、普段使っているハガキや封筒などにちょっとした工夫を凝らすことでも、顧客の心をつかむクリエイティブはつくれると言えるでしょう。

行動を一押しする
DMを動画視聴、アプリ登録への第一歩に

DMによって顧客にどのような行動をとってほしいのか、DM送付後はどのような施策を行うのか。施策全体を俯瞰して、DMの役割を決めることが近道となります。

銀賞を受賞した東京電機大学、そして日本郵便特別賞を受賞したベースシーは目的は違えど、共に動画への誘引を図っています。特に東京電機大学はコロナ禍によるオープンキャンパスの中止に伴い、YouTube公式チャンネルを開設。DMのQRコードから動画に誘導することで、想定以上の視聴回数に達しました。ベースシーは設立3周年の感謝を伝える内容でしたが、新たな動画制作の依頼にもつながったそうです。

銀賞を受賞した力の源ホールディングスは、ラーメン店「博多 一風堂」のポイントカードを持つ顧客にアプリへの登録を促すべく、プレミアム特典をわかりやすく訴求。その結果、送付対象者の半数以上が登録に至りました。

DMは使い方次第で、さまざまな課題を解決することができるツールです。第2部では、各事例を「戦略」「クリエイティブ」「効果」の3軸から分析していきます。

アミューズメントメディア総合学院

イオンペット

日本航空

東京電機大学

ベースシー

力の源ホールディングス「博多 一風堂」

効果の上がるDM作成に必要な要素

全日本DM大賞も回を重ねるにつれて、「企業規模にかかわらず戦略がしっかりと考えられている」
というコメントが審査委員から多く寄せられるようになってきました。
DMのおもしろさは、五感に訴求できるリアルな媒体であること。
マーケターにとっての成功とは、顧客との継続的で良好な関係を保てるような戦略の構築。
そこでDMの場合、どのようにこの特徴的な媒体を活用していけばいいのか、
外封筒から内容品に表現されるクリエイティブ、そして実施効果についての考え方を説明します。

■ 戦略・クリエイティブ・実施効果

マーケティングコミュニケーションのほとんどは、ダイレクトマーケティングにより確立された戦略に基づいたものです。中でもDMには、ダイレクトマーケティングの要素（ターゲティング、オファー、コピー＆レイアウト、タイミング）がすべて含まれ、コミュニケーションの基本が凝縮されています。具体的には下記の6つです。

> ①複数のチャネルを使ってコミュニケーションとレスポンスを取る
> ②コンテンツの充実、個々のオファー、行動の喚起
> ③個々に届けられるコミュニケーション
> ④関連性がある双方向のやり取りで関係を継続する
> ⑤データを取得しターゲティングと分析に用いる
> ⑥測定可能な結果、成果、テストを通じた最適化

DM施策を行うには、上記の6つを踏まえることはもちろんですが、その前に考えるべきなのは、「何のために行うのか」を明確にすることです。つまり、競合との関係、社会問題、生活者の意識などにおいて障害となっている課題について、ターゲットに対していかに向き合い、課題を効果的に解決するのかといった戦略を明確にすることが求められるのです。

多くのマーケターが顧客への情報発信において犯しがちな誤りは、すべての顧客が価格の安さに関心を持っているだろうと考えることです。多くの顧客にとってはその通りかもしれませんが、すべての顧客がそうではありません。顧客ロイヤルティは割引では築かれません。そうではなくコミュニケーションとサービスによって築かれることを認識し、顧客との関係を常に構築することを念頭に戦略を立案するべきです。

今日では、メッセージ発信の目標は興味や認識を得ることではなく、「顧客行動を変化させる」ことにあります。経済的衰退が起こると、マーケターは多くの見込み客、販売、集客を生み出すコミュニケーションを行おうとします。その際、見込み客がブランドコミュニケーションを目にするだけでは十分でなく、見込み客がそのブランドに引き込まれ、行動を起こす必要があります。したがって、ブランディングで使用されたツールや手法によって行動が変化せず、測定できない場合、そのクリエイティブは失敗となるのです。

データベースを活用したマーケティングコミュニケーションでは、価格以外の要素にも重点を置くことでロイヤルティを向上させ、顧客と長期的な関係を築いていきます。顧客が価格以外に期待しているものが次の5つ。**①自分を顧客として把握してもらうこと②サービス③お知らせ④利便性⑤有用性。**顧客は自分の名前が呼ばれるような特別扱いを望んでいます。つまり"ひいき"をしてほしく、特別なサービスを望み、情報の先取りがしたいのです。

こうした要素を提供するために、オファーが考えられ、クリエイティブ表現においては、ターゲットとしている個人（BtoC）あるいは企業（BtoB）に向けて、情報が届きかつ行動を引き起こすものが求められます。

以上のような観点で戦略を考えクリエイティブ表現に落とし込み、それがDM単体あるいは他メディアと併せて使用されたときに、目標に対してどう機能したのかによって成果が評価されます。そして、得られた成果を基に次の施策を考えます。このPDCAサイクルを回すことがさらなる成果につながっていきます。

そうしたことの積み重ねにより、近年、全日本DM大賞の受賞作品が、国際的なアワードでも受賞するなど、日本のDMの力が高く評価されてきています。

第2部

徹底解剖!
成功する
DMの極意

第35回全日本DM大賞
入賞・入選作品

■基礎情報の記載事項
①企業概要（主な商品、サービス、ビジネス内容）
②主なターゲット顧客層
③ダイレクトマーケティングツールの通常の活用状況

■なぜDMを使用したのか
今回の施策でDMを選択した理由、
および全体の中での位置付け

■staff略号

Adv	広告主担当者	D	デザイナー
Dir	ディレクター	C	コピーライター
Pl	プランナー	Pr	プロデューサー
AE	営業	I	イラストレーター
CD	クリエイティブディレクター	Ph	フォトグラファー
AD	アートディレクター	Co	コーディネーター

「単語帳」と「鰹節」で
労力・コスト削減をアピール

大企業に響いた
2つの"スタサプENGLISH"DM

》広告主　リクルートマーケティングパートナーズ
》制作者　フュージョン

staff　Adv 加藤 茂、平松 志乃、本居 綾　Dir 吉川 景博　PL 田村 亮子

[1信]単語帳DM

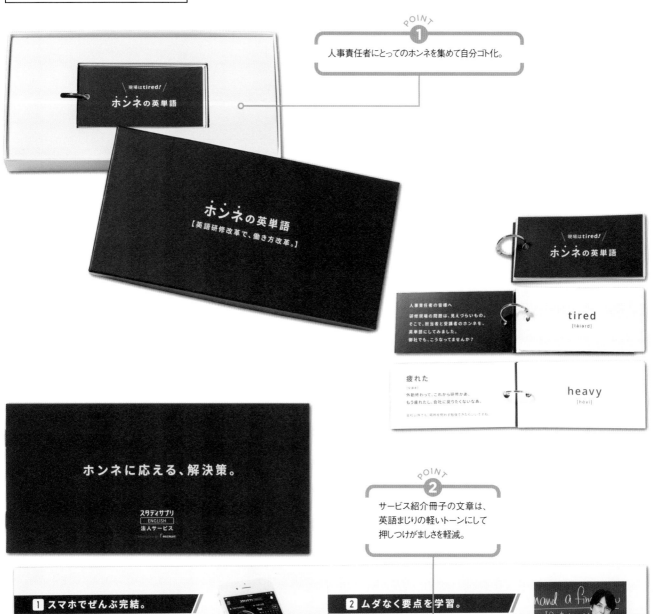

POINT 1
人事責任者にとってのホンネを集めて自分ゴト化。

ホンネの英単語
【英語研修改革で、働き方改革。】

現場はtired!
ホンネの英単語

人事責任者の皆様へ
研修現場の問題は、見えづらいもの。
そこで、担当者と受講者のホンネを、
英単語にしてみました。
御社でも、こうなってませんか？

tired
[táiərd]

疲れた
外勤終わって、これから研修かあ。
もう疲れたし、会社に戻りたくないなあ。

heavy
[hévi]

ホンネに応える、解決策。

スタディサプリ
ENGLISH
法人サービス
RECRUIT

POINT 2
サービス紹介冊子の文章は、
英語まじりの軽いトーンにして
押しつけがましさを軽減。

1 スマホでぜんぶ完結。

研修受講者がtiredでも、最短3分からスキマ時間で学習。
問題演習や解説、リスニング対策もスマホ完結なので、
heavyなテキストやCDからも解放されます。
研修担当者は、スケジュール調整も会場の確保も不要。
時間と労力のwasteを大幅に軽減。
busyな御社にこそ、おすすめのアプリです。

2 ムダなく要点を学習。

初級から上級まで、研修受講者の幅広いレベルに対応。
difficultだったり、easy過ぎたりすることはありません。
当然、研修担当者はhassleなクラス分けが不要です。
また、英語のコアを学べる関先生の神授業は、満足度94.3%。
forgetしないよう、苦手部分を繰り返し復習できる機能も。
boringと感じず、inefficientにならずに学習できます。

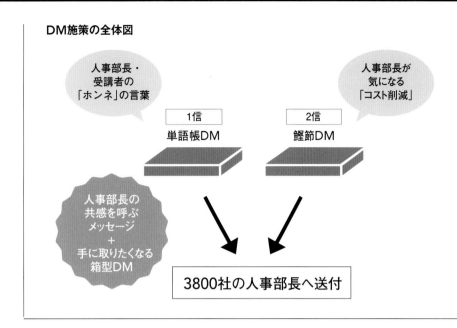

DM施策の全体図

人事部長・受講者の「ホンネ」の言葉

1信 単語帳DM

2信 鰹節DM

人事部長が気になる「コスト削減」

人事部長の共感を呼ぶメッセージ＋手に取りたくなる箱型DM

3800社の人事部長へ送付

英語研修におけるムリ、ムダを人事担当者に気付いてもらい、「スタディサプリENGLISH」への切り替えでコストを削減できることを、「単語帳」と「鰹節」をモチーフにしたDMを制作し、箱型封筒で送付。意外性とインパクトを兼ね備えたDMは人事部長の気持ちを動かし、前回比45倍もの反響を実現させた。

目的	従業員数が多い企業からの資料請求獲得
DMの役割	主に見込み顧客の発掘
発送数	3800通
効果	従業員数の多い企業約3800社に対して計4回発送。170社（4.5%）から資料請求を獲得。従業員数1万人以上の企業を含む大企業70社以上から受注
ターゲット	従業員数上位である大企業の人事部長

戦略性

たくさん届くDMの中からいかに手に取ってもらうか

リクルートが提供する「スタディサプリENGLISH法人サービス」は、TOEIC®テスト対策に必要な学習をいつでもどこでも、最短3分の隙間時間から続けられるプログラム。従来のアナログ型研修に比べて、大きくコスト削減ができ、日程や会場の調整も不要なうえ、管理も容易なのが大きなメリットだ。このサービスを知ってもらうべく、今回のDM施策では企業の人事部長あてに、「単語帳DM」と「鰹節DM」の2種類を4回に分けて送付した。

・マーケティング方針および販促企画

送付先である人事部長のもとには役職柄、日頃たくさんのDMが届く。その中からいかに手に取ってもらい、内容に興味を持ってもらうかが課題だった。

そこで、人事部長自身が当事者として共感でき、社内で回覧できるような話題性をも兼ね備えたクリエイティブを目指した。

・販促企画

「スタディサプリENGLISH」のすべてのサービスが利用できる、期限付きデモIDのプレゼント。

・ターゲティング／リスティング

従業員数が多い企業3800社の人事部長。

クリエイティブ

押しつけがましくなくサービスメリットを伝える

DMは、届いたときにサプライズ感のある箱型で送付。ブルーの箱には単語帳を模したツールを、桐の箱には鰹節のパックを収めた。

単語帳DM

アナログ学習の代表的ツールである単語帳を模した「ホンネの英単語」と題した冊子を制作。収録単語は英語研修の「担当者」と、研修を受ける「受講者」双方のホンネを集め、研修をデジタル教材に入れ替えると、双方にとってムダが省け効率化できることを伝えた。

例えば「tired」という単語では、「疲れた」という本来の意味とともに、「外勤終わって、これから研修かあ。もう疲れたし、会社に戻りたくないなあ。」という受講者のホンネを記載した。

同梱のサービス紹介冊子では、文章のテイストを「時間と労力のwasteを大幅に軽減。」「busyな御社にこそ、おすすめのアプリです。」

基礎情報

☑ **企業概要**（主な商品、サービス、ビジネス内容）
婚活・結婚・出産育児情報、自動車関連情報、まなびコンテンツ、高校生の進学情報サービスなどを展開。

☑ **主なターゲット顧客層**
英語学習ニーズのある企業・団体

☑ **ダイレクトマーケティングツールの活用状況**
従来から資料請求を獲得するためにDMを活用

なぜDMを使用したのか
従来から資料請求の獲得にDMを活用していた。

のように、日本語の文章にあえて英語を盛り込み、軽いトーンにし、サービス紹介が押しつけがましくならないよう配慮している。

鰹節DM

「スタディサプリを導入すると、大幅にコスト削減可能」というメリットを訴求するのに用いたのは「鰹節」。採用した理由は、「コスト」と「鰹節」には「削る」という行為が共通していることから。そこで、桐箱に鰹節パック3個を入れて送付した。

それぞれの鰹節パックには、コスト削減をテーマにしたオリジナル格言(「かつおとコ

スト は削ってなんぼ。」など)を貼付。「格言」の意味を同梱した和紙製リーフレットで詳しく解説した。リーフレットには、鰹節の語呂にあわせて「武士」のイラストを載せ遊び心も演出した。

実施効果

約9割が従業員規模1000人以上の大手企業から受注

単語帳DM、鰹節DMの2種類を計3800社に送付。合わせて約170社、約4.5%の企業から資料請求があった。過去に実施した

DMの資料請求率は0.1%で、前回比45倍の反響となった。

しかも、資料請求があったおよそ170社のうち、70社以上から受注。大企業人事部との新規接点創出は営業上の大きな課題であったが、今回のDMによってそれが実現し、売上獲得に大きく貢献した。

「成約に至った企業は基本的に大手企業で、企業規模(従業員数)1000人以上が約9割を占めます。中には1万人以上の企業もあります。1回成約すると継続的にサービスを利用していただく傾向にありますので、今回のDMは営業的に大きな意味がありました」

[2信]鰹節DM

POINT 3
「スタディサプリ」の焼き印を押した特注桐箱。特別感が漂い、捨てられにくい。

POINT 4
コスト削減をテーマにしたオリジナル格言を貼付。

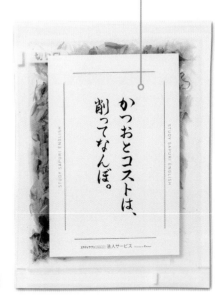

（リクルートマーケティングパートナーズ 平松志乃氏）。今回のDMを送ったのは、同サービスをリリースして1年半というタイミング。事業としての成功パターンを構築している中での、新たな取り組みとなった。「従来のやり方にとらわれず、大きな枠組みで考え実施できたことも、効果につながったと考えています」（同社 加藤茂氏）。

この取り組みでDMの効果を実感した同社では、今後もDMを定期的に実施し、送付先も人事部長にとどまらず広げていくことを検討している。

POINT ⑤
和紙製リーフレットでは、オリジナル格言の内容を解説し、コスト削減のコツを伝授。「鰹節」の語呂にあわせた「武士」のイラストを入れた。

審査会の評価点

戦略性	/	★ ★ ★ ★ ★
クリエイティブ	/	★ ★ ★ ★ ★
実施効果	/	★ ★ ★ ★ ★

審査委員講評

ターゲットの手元に届いたとき、見てもらえなければ後に続きません。単語帳DMと鰹節DMという2種類の立体的なDMを実施することにより、ターゲットに興味を抱かせ、大きな成果に結びつけた作品です。クリエイティブや訴求内容が高く評価されました。　　　恩藏直人

昨今のタクシー広告を見るまでもなく、BtoB広告はBtoC広告に比べると、効果効率中心のメッセージをシンボリックに記憶に刷り込むという似通ったアプローチになりがちです。人事系へのアプローチはなおさらだと思います。そんな中、無味乾燥なオフィスに無理やり笑いをもたらそうとするサービス精神と、おバカなことを全力でやる心意気が、大企業の人事担当者に訴えかけるビジネス効果を生んでいます。DMの原点は手紙でありギフト。送り手の本気や思いが伝わる人間対人間のメディアであることを証明してくれていると思います。　　　木村健太郎

大判はがきから思い切って2信で5000円にもなる予算を投下した勇気を称えたい。BtoCの延長的なものも多い法人向けDMだが、単価の高い商品にふさわしいプログラムはどのようなものか、そのお手本です。
　　　椎名昌彦

・DM診断・

ここが秀逸！

今年はコロナ禍で対人営業ができないこともあり、BtoBのDMが非常に目立った。その中でも2信構成のかなり手の込んだDMで、クリエイティブ面でもユーモアを交えるなど、単なるメリットの提案を超えている。以前も同様のプログラムを大判ハガキで行っていたが、今回はプログラムをリニューアルし、コストも前回に比べて20倍ほどかけてつくり込んだ。コストを上げるのは非常に勇気が要ることだったと推測されるが、結果として資料請求率は40倍に。2020年のDMは大判のゆうメールなどで手軽に送るのが主流だったが、しっかりと考えてつくり込めば、それ相応の成果が得られることを証明した。

年4回DMによる丁寧なリマインド
顧客満足度とLTV最大化を狙う

売上前年比234%！
優良顧客向け年間プログラム

金賞 GOLD
DM AWARD 2021

審査委員特別賞
実施効果部門

》広告主　ケイシイシイ
》制作者　フュージョン

staff　Adv 竹内 綾佑、小笠原 優　CD 佐藤 雅美、猪田 彩乃　PL 平井 正和、江種 一哉

POINT 1

宛名面台紙にスマイルパスポート
を挟み込んで、特別な顧客だけに
届いたDMであることを伝えた。

[5月]

左から、ケイシイシイの小笠原優氏、竹内綾佑氏、
佐藤沙耶氏

左から、フュージョンの平井正和氏、江種一哉氏、
猪田彩乃氏、佐藤雅美氏

DM施策の全体図

LeTAO スマイルパスポートをキービジュアルに1年を通して展開

5月	9月	誕生月	翌5月
年間使える特典のご案内 ・送料特典 ・バースデー特典	1万円以上の購入でオリジナルマグカッププレゼント	ポイントプレゼント	ポイント＋1万円以上の購入でオリジナルフォークプレゼント

優良顧客向け特典冊子「LeTAO スマイルパスポート」のデザインコンセプトで統一されたDMを、年に4回発送。丁寧にリマインドを行ったことで、ルタオで購入するメリットや限定特典での優遇感が顧客に生まれ、レスポンス率（注文件数）は81.6％という高率、売上は昨年比234％で過去最高、という実績につながった。

目的	年間を通したLTVの最大化
DMの役割	主に継続顧客化／注文促進／ロイヤル顧客化
発送数	4回の発送合計通数：17万1590通
効果	レスポンス率81.6％（対前年比132％）、客単価は対前年比114％。売上同234％で過去最高。優良顧客の継続率前年比181％
ターゲット	直近2年間の購入回数・累計売上金額が上位の優良顧客（5万8987人）

戦略性

スマイルパスポート特典
過去購入実績によって3ランク分け

　ケイシイシイが展開する洋菓子ブランド「小樽洋菓子舗ルタオ（LeTAO）」（以下ルタオ）の通信販売は、上位約12％の優良顧客が、約6割の売上を占める。受賞DMは、優良顧客のさらなるLTV向上を目指して実施された。

　今回のDMは、5月、9月、翌年5月、顧客の誕生日と、1年を通して4回発送。「LeTAO スマイルパスポート」単体によるDMはこれまでも実施しているが、年間プログラムとして展開したのは、今回が初めてである。

・**マーケティング方針**

　優良顧客に対して優遇特典を付与しつつ、ルタオからの日頃の感謝の気持ちを丁寧に伝えることで、顧客の満足度を向上させ、LTVの最大化を狙った。

・**販促企画**

①「LeTAO スマイルパスポート」は購入実績に応じて3ランクを設け、それぞれの特典（送料無料、バースデーケーキプレゼントなど）を変えている。

②9月DMは、1万円以上の購入でオリジナルマグカップをプレゼント。

③翌5月DMはルタオ通信販売で使えるポイントに加え、1万円以上の購入でオリジナルフォークをプレゼント。

④誕生日DMでは、ルタオ通信販売で使えるポイントをプレゼント。

　①②③には新作商品を紹介するスイーツカタログを同封、④ではポイント付与に加え特典リマインドも行い、購入につなげた。

・**ターゲティング／リスティング**

　直近2年間の購入回数および累計購入金額が上位の優良顧客。

クリエイティブ

DMデザインテーマを統一して
年間プロモーションに一貫性

　「LeTAO スマイルパスポート」は、日本国旅券をオマージュしたデザイン。スイーツを楽しむ時間を「非日常の時間」や「旅」と結び付け、「さあ、スイーツの旅へ」をコンセプトとした。

　今回のプロモーションでは、この「LeTAO スマイルパスポート」のデザインを1年を通して展開することで、プロモーション全体に一貫性を持たせた。

　5月に発送したDMは顧客がDMを受け取ったときに一番初めに目に留まるよう、宛名面台紙に直接「LeTAO スマイルパスポート」を

基礎情報

☑ **企業概要**
　（主な商品、サービス、ビジネス内容）
洋菓子の製造・販売

☑ **主なターゲット顧客層**
全国の通販会員顧客（女性が6-7割）

☑ **ダイレクトマーケティングツールの活用状況**
DM・メール・LINE・アプリなど。

なぜDMを使用したのか
年間を通して使用できる保存性の高さに加えて、クリエイティブを工夫することで、デジタルだけではできない、温かみのあるアプローチが期待できる。

挟み込んだ。

9月に送付したDMは、宛名面全体を「LeTAO スマイルパスポート」のテイストでデザインし、DMの特別感を高めた。翌年5月に送付したDMは、スイーツ写真をメインにあしらった宛名面に、「LeTAO スマイルパスポート」を配置し、パスポート特典を利用してスイーツが楽しめることを連想させた。

誕生日DMは、ハガキと封書2点の計3パターンを制作し、仕様の違いによる効果検証を行った。制作・送付コストや、DM送付後のレスポンス率などを勘案した結果、ハガキDMを活用していくことを決めた。

1年間に複数回DMを送付することでリマインド効果を高め、スイーツのおいしさに出会える"旅のワクワク感"を継続的に訴求した。

実施効果

過去6年間の経験活かしながら年間通じた効果を最大化

「LeTAO スマイルパスポート」を活用したDMを過去6年間実施した結果、より効果が上がる方策が見えてきた。こうした過去の経験を活かしながら新しい試みに取り組み、年間を通して効果を最大化させていった。

結果は、レスポンス率（注文件数）が81.6%で対前年比132%にアップ。客単価も同114%。売上は同234%となり、過去最高を記録した。優良顧客の継続率も、前年比181%と大幅向上した。

「LeTAO スマイルパスポート」を受け取った多くの顧客が、SNSやブログで、特典内容やクリエイティブを紹介。顧客同士でランク条件や特典について情報を交換し合うこともあった。

「コンセプトが統一されたDMを1年間に4回にわたって送り、新商品の案内や特典のリマインドを丁寧に行ったことが、レスポンスにつながったと考えています」（ケイシイシイ 小笠原優氏）

また、宛名台紙にスマイルパスポートを挟み込む、9月にひとつの山場を作るなど、今回の施策ではチャレンジした部分も多かったという。「DM施策全体を通じて、私たちの顧客に対する気持ちや想いが伝わったのではないかと思います」（小笠原氏）

[9月]

POINT
2
宛名面全体をスマイルパスポートを連想させるデザインにして、DM特典の特別感を演出。

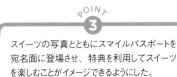

[翌5月]

POINT **3**

スイーツの写真とともにスマイルパスポートを宛名面に登場させ、特典を利用してスイーツを楽しむことがイメージできるようにした。

審査会の評価点

戦略性	/	★ ★ ★ ★ ★
クリエイティブ	/	★ ★ ★ ★ ☆
実施効果	/	★ ★ ★ ★ ★

審査委員講評

通常、食品のDMはおいしそうな写真をベースとしたカタログ型のDMが多いのですが、ケイシイシイのDMはまさにエンターテインメント。パスポートというコンセプトをベースに「スイーツの旅」の全体設計はとても丁寧だし秀逸。まさにDM界の「Go To トラベル」ではないでしょうか！　加藤公一レオ

派手さはなくとも、売上の多くを占める上位1割顧客に手厚い施策を打つことで高い実施効果を得られるという、CRMのお手本のようなプログラムです。「パスポート」という形で顧客自身に優良顧客であると認識させているのもGood！　佐藤義典

マーケティング施策として、ターゲットと目的を明確にできていることが効果を出せた理由と思います。また、「パスポート」というクリエイティブから、自分のメリットとして理解しやすく、1年間の中で継続的に利用できる特典が明確になっていてとてもシンプルで分かりやすさが良いです。　藤原尚也

[誕生月]

POINT **4**

ハガキ1パターン、封書2パターンの計3パターン作成し効果検証を行った。コストやレスポンス率を検討した結果から、ハガキDMの運用を決めた。

・DM診断・

ここが秀逸!

第29回全日本DM大賞（2015年）において金賞を受賞したアイデアを使った事例で、前回受賞時よりもさらにアイデアを磨き上げ、インパクトを強めている。封筒を開ける前からパスポートだということが分かるなど、細かいところまでしっかりと考えられており、完成度の高さがすばらしい。単発の施策ではなく、年間を通したCRM施策として複数の接点をつくり、それぞれで長期的に使えるオファーを冊子にした点も、大判郵便の使い方として非常に優れている。成果も前回より向上し、17万通と大量に送付しながらも、年間の累積レスポンス率は81.6%と高パフォーマンス。アップセルやクロスセルを狙うための仕掛けとして、非常に参考になる事例。

1対1で対話する「糸電話」モチーフに
元塾生との再エンゲージメント図る

受験生に寄り添い、
絆を取り戻す「赤い糸電話DM」

》 広告主　東京個別指導学院
》 制作者　フュージョン

staff　Adv 高山 卓嗣、笹嶋 理惠子、中島 圭太　Dir 田村 亮子、一倉 彩友美　AE 吉川 景博、三橋 浩太

POINT 1
1対1で対話する糸電話をモチーフにデザイン。高校受験のとき、先生に1対1で相談にのってもらい不安が解消していった体験を想起させるクリエイティブ。

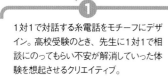

大学受験がわかる

ここだけの話

離れていても、
ここだけの話をできるのが、糸電話です。

2年前、目標に向かって、
一緒にがんばったキミへ。

大学にも合格してほしいから、
どうしても伝えたい、ここだけの話をします。
本音や不安、キミのことも、
こっそり話してくれたらうれしいな。

POINT 2
ゆっくり開くことで、赤い糸が結ばれていく仕掛け。元塾生と学院との絆が、もう一度結ばれることを表現した。

東京個別指導学院の笹嶋理恵子氏

DM施策の全体図

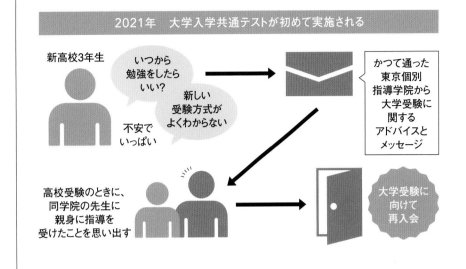

高校受験のときに同学院に通い、いまは大学受験を控える新高校3年生の元塾生に向けたDM。高校受験時の不安や悩みに先生が生徒一人ひとりに寄り添って相談・指導してくれたことを想起させるよう、1対1で対話する「糸電話」をモチーフに制作して表現。結果、コロナ禍でありながら、再入会の問い合わせが前年比109.8%に伸長した。

目的	元塾生である高校3年生の再入会促進
DMの役割	新高校3年生の通塾契約
発送数	4200通
効果	ROI3723%、再入会問い合わせ数が前年比109.8%に。
ターゲット	2年前の高校受験のときに東京個別指導学院に通い、合格（目的達成）したあと退会、いまは大学受験を控える新高校3年生

戦略性

**受験勉強を本格化させてない
新高校3年生に気付きを与える**

大学受験を控える元塾生に向けて、「再エンゲージメントの構築」をテーマにDMを制作・送付した。

・マーケティング方針

2020年度の高校3年生は共通テスト初年度の大学受験生。例年とは異なり、出題傾向も変わるため、正確な情報を入手し早めに対策を行う必要があった。東京個別指導学院では、本格的な受験勉強をスタートしきれていない新高校3年生に向けて、少しでも早く対策を始められるよう必要な情報を届けると同時に、改めて同学院の価値を伝え、再入会を促すことを目的として、以下の内容でDMを設計した。

① 中学3年生時に培われた同塾との絆を再想起させ、エンゲージメントを高めてもらう。
② 高校生が自己と向き合うきっかけを作り、塾での学習モチベーションを向上させる。
③ 自分だけでは情報のキャッチアップに不足があり、同塾が知見のある協力者となりうることを伝える。
④ 同塾が大学受験にも強いことを印象付ける。

・ターゲティング／リスティング

2年前の高校受験のときに通い、合格（目的達成）したあと退会し、いまは大学受験を控える元塾生。

クリエイティブ

**赤い糸で結ばれる糸電話で
高校受験時の信頼関係を想起**

元塾生の多くは、高校受験の際に東京個別指導学院の担当講師に悩みや不安を相談し、親身に指導してもらった経験がある。そこで、DMでは同学院ならではの個別のコミュニケーションを思いおこさせるモチーフとして「糸電話」を選択。挨拶状をゆっくり開くと、赤い糸が伸びて、次第に結ばれていくという仕掛けを施した。高校受験のときの体験やそのとき感じた信頼感を思い起してもらい、講師と生徒の絆がもう一度結ばれることを表現したものだ。

リーフレットの表面は、生徒から先生への質問を掲載。「いつ頃から勉強を始めれば間に合う?」「問題集はどれがおススメ?」などの質問に、先生が一つひとつ丁寧に答える内容になっている。

一方、裏面は先生から生徒への問いかけ。「高校生活もあと1年。今がんばっていることは?」「どんなことに興味ある?」「大学では何を学びたい?」などの問いかけに対して、生徒が

基礎情報

☑ **企業概要**
（主な商品、サービス、ビジネス内容）
個別指導教育を中心とした教育授業

☑ **主なターゲット顧客層**
小学生、中学生、高校生

☑ **ダイレクトマーケティングツールの活用状況**
DMやメールを活用

> **なぜDMを使用したのか**
> 生徒のインサイトに寄り添うアプローチは、DMならではだと考えている。

自由に記入するようになっている。

「生徒の現状を優しくヒアリングしながら、受験に対して焦りを感じてない生徒に気付きを与え、受験準備の一歩を踏み出させる内容としました。かつて私自身、毎日生徒と向き合っており、そのときの気持ちに戻って、文章を考えました」（東京個別指導学院 笹嶋理恵子氏）

実施効果

**コロナ禍にありながら
再入会問い合わせが前年比109.8%に**

コロナ禍にあり全体の問い合わせ数が落ち込む中、DMを送付した学生からの再入会の問い合わせ数が伸長。前年比109.8%に、またROIは3723%となった。

同学院では、これまでも再エンゲージメントを目的としてDMを送付したことがあるが、再入会をストレートに促す内容だったという。しかし今回は、高校受験のときの生徒との結びつきを、もう一度構築したいという思いから制作されたDM。それを受け取った高校生からは「大学受験に向けそろそろ動き出さないといけないと思っていたときにDMが届き、問い合わせた」といった声が寄せられた。「かつて先生と1対1で相談し、不安を解消しながら受験に望んだことを思い出してもらい、再入会へつなげていきました」（笹嶋氏）

「今回のDM施策を通じて、DMは熱量や思いを伝えやすく、形態にも無限の可能性があることを改めて知りました。エンゲージメントを図りたいときは、ベストの手段ではないかと思っています」と、今後もDMにおいて新たなチャレンジをしていきたい考えだ。

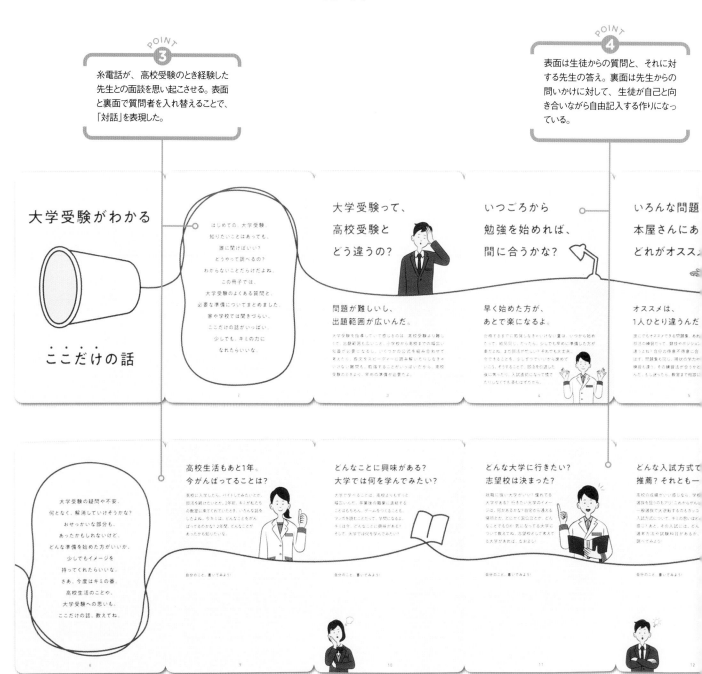

POINT 3
糸電話が、高校受験のとき経験した先生との面談を思い起こさせる。表面と裏面で質問者を入れ替えることで、「対話」を表現した。

POINT 4
表面は生徒からの質問と、それに対する先生の答え。裏面は先生からの問いかけに対して、生徒が自己と向き合いながら自由記入する作りになっている。

審査会の評価点

戦略性	/	★ ★ ★ ★ ☆
クリエイティブ	/	★ ★ ★ ★ ★
実施効果	/	★ ★ ★ ★ ★

審査委員講評

一度退会した、しかも2年通っていなかった生徒に、なんだろう？と気にならせる赤い糸は効果的で、1対1の面談を想起させることはうまくいったと思います。封筒の「ここだけの話」というワードも効いています。　秋山具義

Zoomのグループで話す時代だからこそ、1対1の対話です！Zoomのデジタルな時代だからこそアナログな「赤い糸電」というコンセプトの温かみです！コロナ禍で学校での情報不足があるからこその塾です！　　加藤公一レオ

大学受験を控えるなかコロナによる通学減少まで重なり、受験情報の不足という不安インサイトに対し、危機感を煽るのではなく、受験生に寄り添う糸電話の1：1の心の絆を想起させる組み合わせが非常に良かったです。　　　　　　　　　　　山口義宏

・DM診断・

ここが秀逸！

いわゆる休眠顧客の掘り起こしを目的としたDM。新学年に上がる前の3月というタイミングで、焦りのない高校生に気づきを与えて再入会を促している。コロナ禍で入試に関する情報が思うように手に入らない中、ここだけの情報が分かるという切り口は、シンプルで分かりやすい。また、つながりを表現する赤い糸のギミックもインパクトがある。一度やめた人を引き戻すのは難しいが、結果はレスポンス率が6.9％。年間で見れば大きな売上が期待されるため、良いパフォーマンスが出せたと言えるだろう。

自社を採用希望者に見立て
潜在顧客層の人事部に「履歴書」送付

リアルさを追求！
人事があっと驚く「履歴書型」DM

» 広告主　ビズリーチ（ビジネスマーケティング部門）
» 制作者　ダイレクトマーケティングゼロ、ビズリーチ

staff　Adv 中本 哲　Dir 床井 奈美　CD 阿部 綾子　AD 槌谷 夏月　Pr 田村 雅樹

POINT
1
宛名を縦書きにするなど「履歴書」らしさを出す工夫とともに、本物の履歴書との誤解を与えないため「御社の事業成長をお手伝いします」の文言を入れて「販促DM」であることを伝えた。

POINT
2
表面の「履歴書在中印」、裏面の「封緘印」「社印」は、本物の印鑑をひとつひとつ手押しして、人事部への「思い」と「丁寧感」を伝えた。

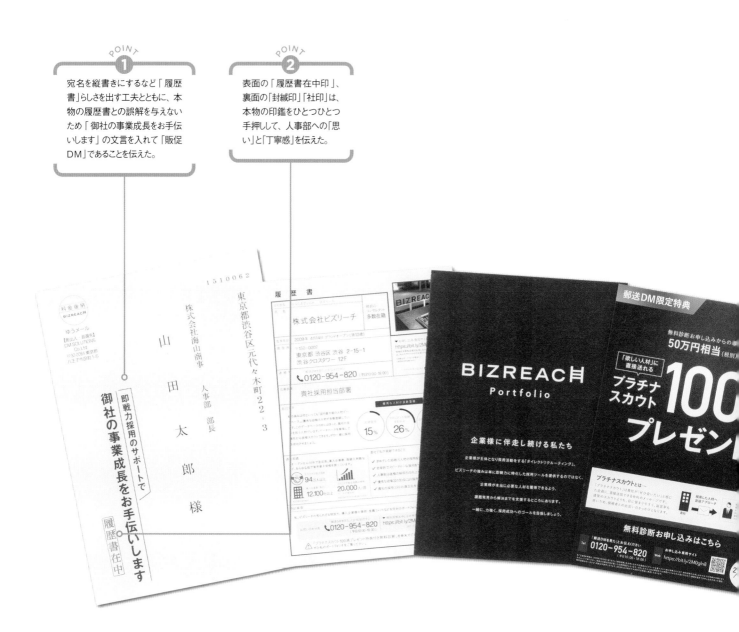

左から、ビズリーチの楢谷夏月氏、中本哲氏、銭谷信氏

左から、ダイレクトマーケティングゼロの小野昇太氏、田村雅樹氏、阿部綾子氏

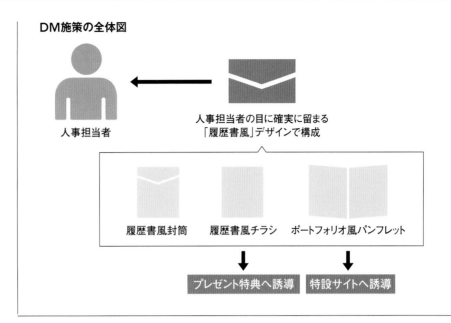

DM施策の全体図

人事担当者

人事担当者の目に確実に留まる「履歴書風」デザインで構成

| 履歴書風封筒 | 履歴書風チラシ | ポートフォリオ風パンフレット |

プレゼント特典へ誘導　　特設サイトへ誘導

CMで認知の高いビズリーチだが、潜在顧客層である中小企業には事実と異なるイメージが先行し、商談につながりにくかった。そこで、人事部が普段取り扱っている書類「履歴書」をモチーフにDMを作成。中小企業においても導入効果が高いサービスであることを伝え、商談件数、受注件数ともに、想定を上回る効果が得られた。

目的	ビズリーチサービスの導入
DMの役割	主に新規顧客の獲得（直接申し込みの獲得／ Web・モバイル誘導）
発送数	約1000通
効果	商談数、受注数ともに目標を達成
ターゲット	営業メールに対してレスポンスがない、都内に本社を置く従業員数100〜300人の企業

戦略性

DMを担当者へ確実に到達させ「大企業向け」という認識の払拭へ

ビズリーチではこれまでオンライン広告、イベント、アウトバウンドコールなどを駆使して、企業に向けてサービスの導入を促進してきた。しかし、潜在顧客層である中小企業の導入は思うように進まなかった。

その理由は、「費用感が高く、大企業向けサービス」という事実と異なるイメージが先行し、商談につながりにくかったからだ。そこで、ビズリーチのサービスを正しく伝えると共に、企業の規模にかかわらず効果のある採用ツールであることを知ってもらうことを目的にDMを活用した。

・マーケティング方針および販促企画
①DMを到達させ、必ず開封してもらう
②サービスを理解してもらう
③問い合わせに繋げる

特に③については、本物だと誤解を与えないような配慮と、到達確認のリマインドメールも送信することで問い合せ率のUPを狙った。

・販促企画

無料診断を申し込んだ企業には、ビズリー

チサービス導入時に「プラチナスカウト100通分（50万円相当）」をプレゼントした。

・ターゲティング／リスティング

ハウスリストから、都内に本社を置く企業で、過去に契約した履歴がなく、営業メールに対してレスポンスのない従業員数100〜300人規模の企業に送付した。

クリエイティブ

履歴書らしく細部にこだわりつつ本物と誤解を与えない配慮も

DMの第一の目的に掲げたのは、人事部門の担当者が必ずDMを開封して中身を確認し、問い合わせをしてもらうこと。そこで制作したのが、人事部が普段取り扱っている書類「履歴書」をモチーフにしたDMだ。ビズリーチを入社希望の応募者に見立て、「履歴書風チラシ」と「ポートフォリオ風パンフ」を制作したのである。

履歴書風チラシは、本物の履歴書フォーマットを活かしたデザインに。氏名欄は「株式会社ビズリーチ」、生年月日欄は「2009年4月14日グランドオープン（満10歳）」などと、応募者に見立てたビズリーチの概要を、履歴書フォーマットにのっとって記載した。自己PR

基礎情報

☑企業概要
　（主な商品、サービス、ビジネス内容）
即戦力人材と企業をつなぐ転職サイト

☑主なターゲット顧客層
即戦力人材を求めている全国の企業

☑ダイレクトマーケティングツールの
　活用状況
普段からメールやアウトバウンドコールを活用

なぜDMを使用したのか
メールよりもターゲットに届きやすく、多くの情報を送れる。

欄にはビズリーチの強みをグラフ入りで紹介し、特記事項欄ではプレゼント特典などへの誘導を図った。

ポートフォリオ風パンフは、中小企業の人事担当者が「自分ゴト化」できるよう、ビズリーチの導入で成功した中小企業の事例を紹介するとともに、ビズリーチサービスを推薦するコメントも入れた。

デザイン面のディレクションを行ったビズリーチ 槌谷夏月氏は「履歴書の雰囲気がありつつも、ビズリーチサービスのブランド感が損なわれないよう、使用フォントを仔細に検討するなど、細部にまでこだわりました」と話す。

その一方で、本物の履歴書が届いたという誤解を与え、担当者の心証を損ねないように、封筒表面には「御社の事業成長をお手伝いします」というメッセージを書き添え、「販促DM」であることがしっかり伝わるように配慮した。

実施効果

顧客からも営業部門からも好反応 商談数、受注数ともに目標を達成

DMを送った企業からは、「面白い企画で驚いたよ！」「プラチナスカウトをこんなにプレゼントしてくれるなんて大盤振る舞いですね！ぜひ導入したいです」などと好反応を得られた結果、商談件数、受注件数ともに目標を達成した。

営業部門からは「営業で説明する要素が全て記載されているから、営業ツールとしても便利で役に立つ」「DMの反応がすごく良くて営業しやすい！」などと、わざわざ報告されるほど絶賛された。

ポートフォリオ風パンフで紹介した顧客の声は、DMのためだけに取材を行った。パンフに載せきれない分は専用ページへQRで誘引し紹介。顧客の声を見たことがきっかけで商談に至るなど、期待した以上の成果に繋がった。ビズリーチ 中本哲氏は「ビズリーチを採用希望者に見立てた履歴書フォーマットのDMは、人事担当者の方に面白がって見てもらえるという期待がありました」という。

今回の反響を受けて、同社 銭谷信氏は「ネットのオーガニック検索やオンライン広告などでは反応が得られにくいエリアや業種に向けて、今後DMを活用することを検討しています」と話している。

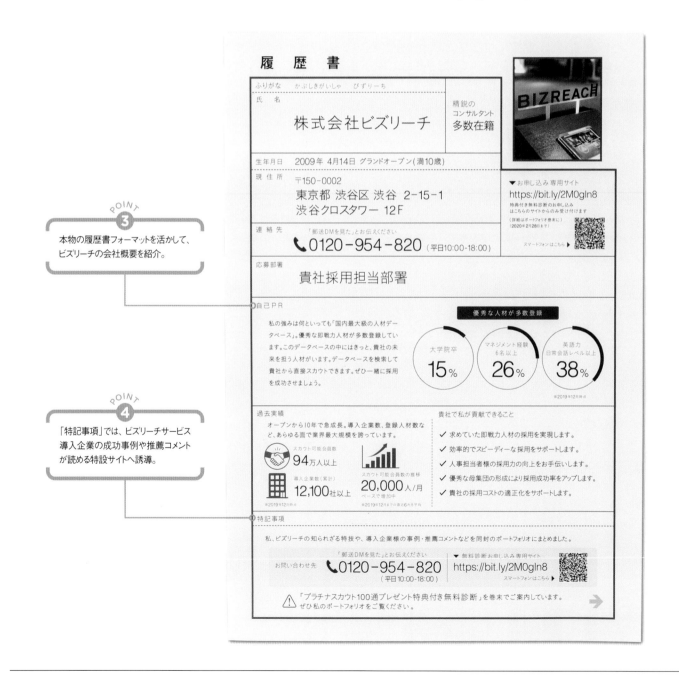

POINT ③
本物の履歴書フォーマットを活かして、ビズリーチの会社概要を紹介。

POINT ④
「特記事項」では、ビズリーチサービス導入企業の成功事例や推薦コメントが読める特設サイトへ誘導。

POINT 5

DMを受け取った人の特典として「無料診断」を実施。さらに無料診断を申し込んだ企業への特典も用意した。

審査会の評価点

戦略性	/	★ ★ ★ ★ ★
クリエイティブ	/	★ ★ ★ ★ ☆
実施効果	/	★ ★ ★ ★ ★

審査委員講評

オンラインではリーチしにくかったキーパーソンの手元に確実に届き、ターゲットになじみある履歴書デザインがフォロー電話のしやすさにも効果を発揮。営業員がプレゼンテーションしているかのような展開で、DMからリードを獲得したBtoBのお手本です。　明石智子

人事担当者に届ければ反応が得られるという知見の下、人事担当者に届けるという明確な戦略目標を実現させました。無料診断という仕掛けも秀逸。BtoBの営業フォローにDMが効果的であることを証明した画期的なプログラムです。　　　　　　佐藤義宏

「必ず人事担当者に届くDM」という目的志向から導かれた履歴書体裁というアイデアだけでなく、その後の営業フォローしやすい無料診断施策につないでいくなど、DM開封後の施策連携の設計まで含めて非常に秀逸でした。　　　　　　　　　　　山口義宏

POINT 6

導入を悩む担当者が「自分ゴト化」できるよう、規模が類似した企業の成功事例を取材して冊子とWebに掲載。

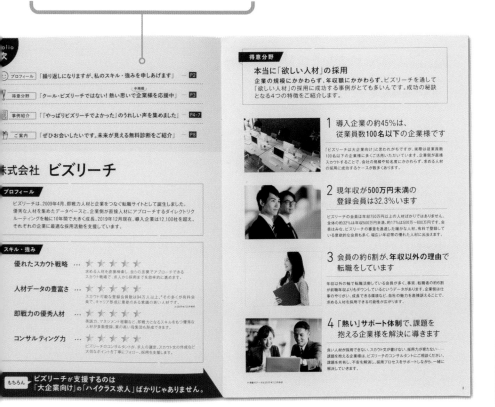

・DM診断・

ここが秀逸!

今まではデジタル施策が中心だったが、メールマーケティングとフォロー電話だけではなかなか新規獲得ができないという中で、紙のDMを活用。その結果、商談数、受注数ともに目標を達成した。履歴書型のクリエイティブはパッと見で分かりやすく、封筒や言葉の表現も含めて人事担当者に刺さるプレゼンテーションになっている。コロナ禍によって対人営業ができない状況での新規獲得は非常に大変だが、BtoB領域で、特にデジタル系のマーケティングのみを行っている企業に対して、紙のDMが新規獲得に効果的であることを伝えるいい事例となった。

デザイナーによるこだわりのDMで丁寧に訴求
送付数の約半数が来店

シャコンヌ5周年
秋冬コレクション2020告知DM

» 広告主　chaconnee（シャコンヌ）
» 制作者　スズキモダン

staff　AD 鈴木 友章　D 神谷 みのり、塚本 唯、山本 真央　Dir 纐纈 泰典

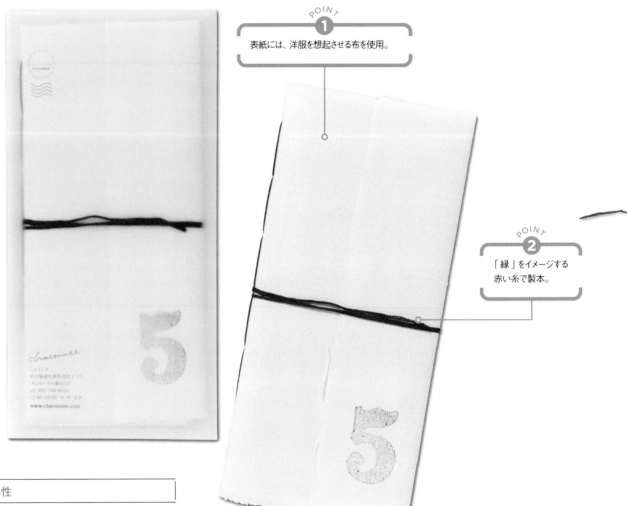

POINT 1
表紙には、洋服を想起させる布を使用。

POINT 2
「縁」をイメージする
赤い糸で製本。

chaconnee
シャコンヌ
名古屋市名東区高社1-191
サンロードビル金山1F
tel. 052-768-6634
12:00-19:00 水・木 定休
www.chaconnee.com

戦略性

ロイヤル顧客に的を絞り
感謝の気持ちを丁寧に訴求

　シャコンヌは、とある有名店のトップセールスだったオーナーが、2015年に独立してオープンしたセレクトショップ。2020年にオープン5周年記念イベントを開催し、その告知のDMをロイヤル顧客80名に送付。限られた顧客に丁寧に訴求することにより、レスポンスの向上を図った。DMの内容は、購買を訴求する「秋冬コレクション」のほかにも、5周年のメッセージやオーナーによるコラム、店舗周辺の案内地図を掲載。周年の機会を通じて感謝を伝えながら、さらなるファン化を狙った。

クリエイティブ

デザイナーによる内製で
予算内で高クオリティを実現

　シャコンヌが提供する高い品質の洋服に見合った制作物が要求される一方で、制作にかけられる予算は15万円と限られていた。予算内で高いクオリティを実現するために、デザイナー自身が紙と布を販売店で厳選、デザイン・印刷・断裁・製本までのすべてを社内で行い、工夫を凝らした。

　表紙には洋服を想起させる布を使用し、製本には赤い糸を使って「縁」を表現。中の紙は、コンテンツの内容に沿って、紙質にバリエーションをつけた。

実施効果

発送数の半数が来店
「シャコンヌらしい」と好評

　レスポンス数（2020年9月1～30日のイベント期間中の来店件数）は40件で、発送数

スズキモダンの、
左上、鈴木友章氏、右上、神谷みのり氏、
左下、塚本唯氏、右下、山本真央氏

目的	主に継続顧客化
DMの役割	顧客コミュニケーション／来店誘導
発送数	80通
効果	レスポンス率50%
ターゲット	常連の既存顧客

POINT 3
伝える内容によって
異なる紙質を選択。

基礎情報

☑ **企業概要**
（主な商品、サービス、ビジネス内容）
婦人服や雑貨のセレクトショップ

☑ **主なターゲット顧客層**
単価3万円以上の上質な洋服を求める大人の女性、リピーター

☑ **ダイレクトマーケティングツールの活用状況**
イベントの告知ツールとしてDMを活用

なぜDMを使用したのか
顧客一人ひとりに個別のメッセージを伝え、デジタルにはない温かさを感じさせたいと考えている。

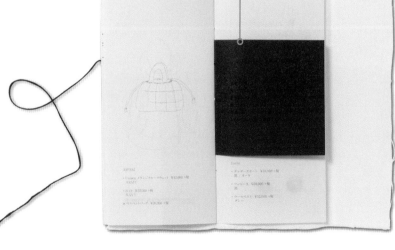

審査会の評価点

戦略性 ／ ★★★☆☆
クリエイティブ ／ ★★★★★
実施効果 ／ ★★★★☆

審査委員講評

顧客に想いを伝えるために、素材や中身にもこだわりぬいたことが良く分かるDMならではのDMでした。お店を知らない私ですら感動を覚えたわけですから、常連さんが感動されたことは容易に想像できます。　徳力基彦

・DM診断・

ここが秀逸！

紙に布や縫製を合わせるなど、アパレルショップとしてクリエイティブにとても凝ったDM。他社が同様のDMを制作するのはなかなか難しいが、リアルな手触りやテクスチャーを生かすことができるというDMの良さを存分に伝える事例。

の半数にのぼった。来店客からは、「お店から自分が大切に思われていることを感じた」「シャコンヌらしい」「本のように繰り返し読み返している」「巻末のご近所おすすめMAPを見て、実際に回ってから来店した」といった声が聞かれた。

実物大のおでんの写真がシズル感を演出
"蒲鉾屋のおでん"のおいしさ訴求

思い出フラッシュバック!
心も体もポカポカおでんDM

》広告主　籠清
》制作者　ガリバー

staff　Adv 細田 明子、八鍬範子、加藤ゆかり、松川 祐美　Pl／AE 井上 大輔　AD／D／C 小林 佐紀、大貫 亜記

POINT 1
フラップ部分に実店舗の暖簾をデザインし、疑似来店や思い出のフラッシュバックを体験できるようにした。

POINT 2
フラップを開いてすぐに目に入る箇所には挨拶文を掲載し、"売り"が前面に出すぎないよう配慮した。

戦略性

レスポンス率向上を狙い
予算を変えずにDMの仕様を変更

　小田原で有名な蒲鉾の老舗店が、過去に電話注文した人や旅行で来店した人、近隣からの来店客などの既存顧客をターゲットに、注文促進のDMを実施。前年まではハガキDMを6000通送付していたが、形式化していたためレスポンス率は年々下降傾向に。そこで、トータル予算は変えずに送付通数を約半分の3500通に絞り、その分のコストでDMの仕様を変更。「蒲鉾の老舗はおでんもおいしいらしい」と思ってもらい、クチコミが広がることも期待し、おでんを主役とするDMを実施した。

クリエイティブ

ほぼ実寸サイズのおでんの写真で
シズル感を訴求

　フラップ部分のデザインは実店舗の暖簾をイメージし、近隣からの来店客や継続顧客には疑似来店を、過去のバスツアー客や旅行客には思い出のフラッシュバックを体験できるようにしたほか、フラップを開いてすぐに目に入る箇所には挨拶文を掲載し、"売り"が前面に出すぎないよう配慮した。表紙には、食卓におでんが並ぶシーンをイメージさせるため、シズル感のあるおでんの写真を実寸に近いサイズで大きく掲載。また、社員がおすすめする食べ方を掲載した点も、レスポンスにつながったと考えている。

実施効果

約半分の送付通数で
売上140%を記録

　送付通数が約半分となったにもかかわらずレスポンス数は昨年を上回り、レスポンス率は約2倍、売上は140%を記録した。注文確認の際の電話では、フラップの暖簾デザインへの声も聞かれ、狙い通りの成果に。なかはDMを持参して来店する人もいた。

左から、ガリバーの大貫亜記氏、井上大輔氏

目的	継続顧客化
DMの役割	クロスセル含む注文促進、休眠顧客の活性化
発送数	3500通
効果	前年比：注文率約2倍、売上140%
ターゲット	既存顧客

POINT
3
食卓におでんが並ぶシーンをイメージさせるため、シズル感のある写真を実寸に近いサイズで掲載。

基礎情報

☑ **企業概要**
（主な商品、サービス、ビジネス内容）
小田原で200年以上の歴史を持つ老舗の蒲鉾店

☑ **主なターゲット顧客層**
注文実績のある顧客の一部

☑ **ダイレクトマーケティングツールの活用状況**
実店舗や電話などで購入経験のある顧客に対し、継続顧客化を狙ってDMを活用

なぜDMを使用したのか
ターゲットの半数以上がシニア層であることから、紙の持つ可能性は大きいと考えているため。

POINT
4
社員がおすすめする食べ方を掲載。

審査会の評価点

戦略性	/	★★★★☆
クリエイティブ	/	★★★★☆
実施効果	/	★★★★☆

審査委員講評

小田原という観光地では特にコロナで苦しんだ会社が多かったと思われます。対面での販売ができないからこそ、暖簾のギミックから商品のシズルまで「小田原に行った時の同じ体験をさせよう」という気持ちがこのDMには入っています。　　　　加藤公一レオ

・DM診断・

ここが秀逸!

ほぼ原寸大のおでんの写真にはシズル感がある。縦にじゃばらに開いていくと、最後に出てくる注文ハガキには切れ込みがあり、切り取りたくなる気持ちを誘う。通販で反応してもらうためには、注文へのアクションが分かりやすいこともとても重要だが、このDMは非常に良くできている。反応率は9.5%と、過去に送っていたハガキDMの倍の成果が得られた点も良かった。

実物の「内定者フォロー DM」を封入し
内定者の気持ちを疑似体験

採用担当者に送る
内定辞退を防止する施策のご案内DM

》 広告主　スギタプリディア
》 制作者　スギタプリディア

staff　CD 坂口 浩司　D 河盛 勝世

やれることは、やった。
ここから他社に、
差をつけるには。

POINT 1

ネイビーに赤文字で「内定辞退を防止する方法　在中」と印刷することで、公共機関からの重要な郵送物であるかのような印象を与えた。

株式会社スギタプリディア　27
新卒採用ご担当者さま

突然のお手紙失礼いたします。
広告制作会社のスギタプリディアと申します。
採用活動のご進捗状況はいかがでしょうか。

就職氷河期なんて言われていた時代は遠く過ぎ去り、
今はひとりの学生が内定を複数獲得する時代。
企業は学生に選ばれる立場になってしまいました。
他社と差をつけなければ、内定辞退されることもあります。

そこで弊社は「内定辞退の防止に効く特別なDM」のご提案で、
採用活動の最後のお手伝いができればと思っております。
ご検討いただければ幸いです。

内定者のココロを
掴んではなさない
「DM」があります。

Q.なぜDM?

戦略性

商品の実物をDMに封入
内定者の気持ちを疑似体験

　内定者に自社への入社を後押しするためのフォローで悩む採用担当者に、スギタプリディアが特許を取得している「内定者フォローDM」を案内するDMを発送。「内定者フォローDM」は、バリアブル印刷で内定者本人の名前が印字された名刺や、採用担当者から内定者一人ひとりに向けたメッセージなどを封入し、入社が楽しみになる気持ちを醸成するという商品だ。商品実物の「内定者フォローDM」を封入し、それを受け取る内定者の気持ちを採用担当者に疑似体験させるこ

とで、注文につなげるよう狙った。また、DMが届く頃に電話をかけてフォローし、注文意向のさらなる向上を目指した。

クリエイティブ

特別感を演出する細やかな工夫で
期待を高め、開封を促す

　封筒には上質さが感じられる用紙を使用し、特別感のあるオリジナル封筒を作成。赤文字で「内定辞退を防止する方法　在中」と印字して、公共機関からの重要な郵送物であるかのような印象を与えた。また、封筒裏面にも印刷を施し、訴求力アップを図った。
　宛名は、バリアブル印刷で個人名を印刷。

日々多くの情報を受け取る採用担当者に、自分にとって有益な情報であると期待させるとともに、自分が開封しなければという思いにさせて開封を促すことを狙った。さらに、封筒にミシン目加工を施し、開封のハードルを下げる工夫も行った。

実施効果

電話フォローで受注率アップ
訴求商品以外の依頼も

　レスポンス数（申し込み件数）は61件、レスポンス率は3.05％。実施経費130万円で、250万円の売上があがった。電話によるフォローを行ったところ、DM送付後の架電接続

POINT
2
封筒にはミシン目加工を入れ、
開封のハードルを下げた。

A. スマホ世代には、
あえてアナログが効く！

目的	新規顧客の獲得
DMの役割	直接申し込みの獲得
発送数	2000通
効果	レスポンス率3.05%
他媒体との連動	電話
ターゲット	企業の採用担当者

基礎情報

☑ 企業概要
（主な商品、サービス、ビジネス内容）
広告制作会社

☑ 主なターゲット顧客層
企業

> なぜDMを使用したのか
> ターゲットや訴求内容によって、様々な工夫ができる。実際に手で触れ、その感覚を共有できるところもデジタルとの大きな違い。

POINT
3
商品実物の「内定者フォローDM」を封入。内定者の気持ちを採用担当者が疑似体験できるようにした。

審査会の評価点

戦略性	/	★ ★ ★ ★ ★
クリエイティブ	/	★ ★ ★ ★ ☆
実施効果	/	★ ★ ★ ★ ☆

審査委員講評

内定をもらった会社の名刺を初めて手にする。そして育ててくれた親にこれから働く会社の名刺を渡す。これは誰にとってもライフステージ上の大事な瞬間であり、その疑似体験は、どんなメッセージよりも深いエモーションを生み出します。内定者の本質的なインサイトをついた素晴らしい体験型DMの提案だと思います。受け手の行動原理の中にDMのチャンスはまだまだ存在するということを教えてくれる好例です。　　　　木村健太郎

・ DM診断 ・

ここが秀逸！

コピーやパーソナライズされた名刺、開くとポップアップする仕掛けなど、きちんと考えられ工夫されていることが伝わる。紙のDMの良さがしっかりと訴求されている点もポイントが高い。レスポンス率は3％と一見低いように思えるが、BtoBの場合は1件成約するだけで大きな売上があがる。本件も売上を見れば、130万円の実施経費に対して売上は250万円と、十分な成果が上がっている。

率が大幅にアップし、多くの受注につながった。また、「あのDMの会社」と思い出してもらえるなど、DMによって強く印象付けることができ、おもしろいことを考える会社だという認知が広がって「内定者フォローDM」以外の依頼も舞い込んだ。

髙島屋の上位顧客に向けた限定DM
特別感の演出でお客様とのエンゲージメントを高める

上得意様を「髙島屋のおもてなし」の世界へと誘う扉DM

» 広告主　髙島屋
» 制作者　フュージョン

staff　Adv 青木 真弓　Dir 猪田 彩乃　AE 吉川 景博

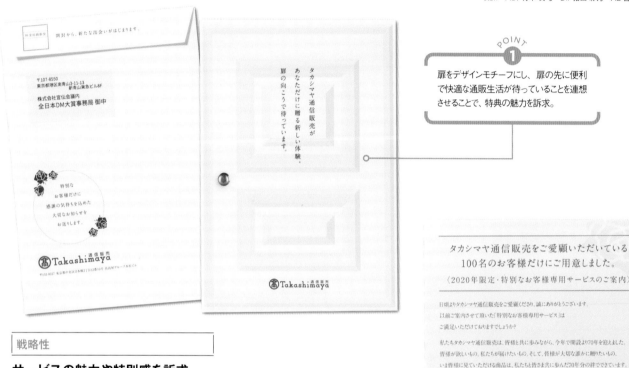

POINT 1

扉をデザインモチーフにし、扉の先に便利で快適な通販生活が待っていることを連想させることで、特典の魅力を訴求。

タカシマヤ通信販売をご愛顧いただいている
100名のお客様だけにご用意しました。
〈2020年限定・特別なお客様専用サービスのご案内〉

【お得意様専用 ご注文・お問い合わせフリーダイヤル】
0120-202-387（午前9時〜午後9時）

戦略性

サービスの魅力や特別感を訴求
電話との併用で確実に認知を獲得

　タカシマヤ通信販売の会員制度「ハイランドクラブ」では、通販開設70年企画として年間購入金額の上位顧客のみが利用できる「特別なお客様専用サービス」を提供。初めての試みでサービス認知度が低く、利用の仕方もうまく伝えられていなかった。そこで、対象者に上位顧客招待のためのアウトバウンドコールを実施してサービス内容を伝え、同意した人にDMを送付。DMでは、サービスの魅力や特別感を訴求しながら、購入を促すことを狙った。また、扉型のリーフレットには顧客名を印字し、専用サービスであることを印象付けた。

クリエイティブ

扉のデザインモチーフで
新たな体験へのワクワク感を演出

　封筒を開いて、まず目にする挨拶状、次のリーフレットに至るまで、要所要所で扉の向こうに新しい体験があることを伝えるデザインで、ワクワク感を演出。扉型のリーフレットは、開くと満開の薔薇とともにサービス紹介とそのメリットが読めるギミックに。また、髙島屋を象徴する満開の薔薇を通して髙島屋による厚遇を実感してもらうことで、日ごろの感謝の気持ちも伝えた。

実施効果

高い反応率を獲得
上位のお客様とのつながりを強化

　電話とDMの併用で、レスポンス数（注文の件数）は98件、レスポンス率は98%。上位クラスタの継続維持に加え、購入額にも影響

左から、髙島屋の青木真弓氏、フュージョンの猪田彩乃氏

目的	継続顧客化
DMの役割	サービスの理解／購入促進
発送数	100通
効果	レスポンス率98%
他媒体との連動	電話
ターゲット	タカシマヤ通信販売の会員のうち、年間購入金額の上位100名

基礎情報

☑ 企業概要
（主な商品、サービス、ビジネス内容）
百貨店

☑ ダイレクトマーケティングツールの活用状況
ブランドへの愛着度や顧客エンゲージメントを向上し継続購買につなげるため、定期的にDMを送付

なぜDMを使用したのか
上位顧客は60代以上の年代が多く、デジタルではメッセージがなかなか到達しにくい。また、DMは直接手元に届いて形にも残るため、サービス訴求や特別感の醸成も効果的にできるため。

POINT 2
扉型のリーフレットに顧客名を印字し、専用サービスであることを印象付けた。

POINT 3
扉を開けると満開の薔薇が現れるギミックで、髙島屋を想起させるとともに感謝を表現した。

審査会の評価点

戦略性	／ ★★★☆☆
クリエイティブ	／ ★★★★☆
実施効果	／ ★★★★★

審査委員講評
通販の最上位顧客に絞って、優遇サービスを丁寧に訴求。シンボルのバラや扉などのモチーフを用いて読み進めていける展開は、お客様にショッピングを楽しみ、明るい気持ちになっていただければという企業姿勢が伝わってきます。　　　　　　　　明石智子

・DM診断・

ここが秀逸！
通販の上位顧客に、ロイヤルユーザー専用サービスのメリットを過不足なく分かりやすくプレゼンテーションした。その結果、レスポンス率は98％と非常に高いパフォーマンスが得られた。DMプログラムとして非常に良くまとまっている。

した。また、DM送付後に実際にサービスを利用してもらえたことで、「電話で待たされるストレスがなくなった」「カタログが早着するので、品切れで残念な思いをしなくて済む」といった声が聞かれ、満足度の向上にも寄与した。

紙のポイントカードから公式アプリへ切り替え
プレミアムメンバーに特典を分かりやすく

入会率45.8%
一風堂公式アプリ入会促進DM

》広告主　**力の源ホールディングス**
》制作者　**ビートレンド**

staff　Dir 工藤 正充　Pl 印藤 さつき　AD 福岡 貴信　D 坂梨 成顕　Pr 山根 智之

POINT
①
スタート段階でプレミアムな待遇を受けていることが実感できるようにした。

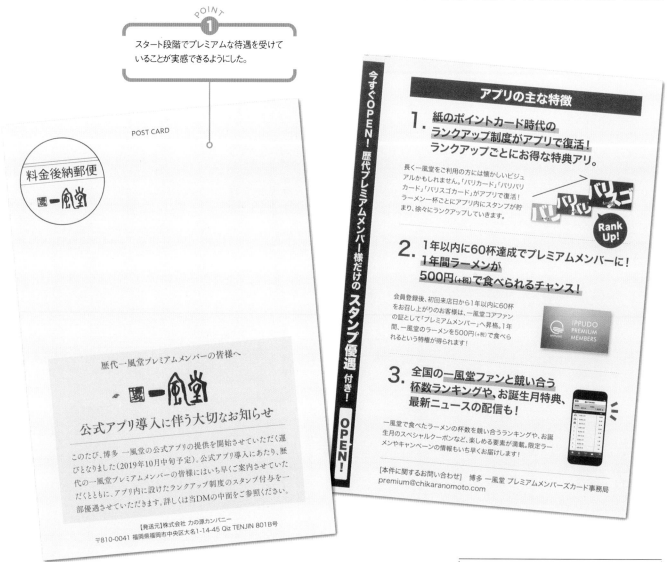

POST CARD

料金後納郵便
一風堂

今すぐOPEN！ 歴代プレミアムメンバー様だけの スタンプ優遇 付き！ OPEN！

歴代一風堂プレミアムメンバーの皆様へ

一風堂

公式アプリ導入に伴う大切なお知らせ

このたび、博多 一風堂の公式アプリの提供を開始させていただく運びとなりました（2019年10月中旬予定）。公式アプリ導入にあたり、歴代の一風堂プレミアムメンバーの皆様にはいち早くご案内させていただくとともに、アプリ内に設けたランクアップ制度のスタンプ付与を一部優遇させていただきます。詳しくは当DMの中面をご参照ください。

【発送元】株式会社 力の源カンパニー
〒810-0041 福岡県福岡市中央区大名1-14-45 Qiz TENJIN 801B号

アプリの主な特徴

1. 紙のポイントカード時代のランクアップ制度がアプリで復活！ランクアップごとにお得な特典アリ。

長く一風堂をご利用の方には懐かしいビジュアルかもしれません。「バリカード」「バリバリカード」「バリスゴカード」がアプリで復活！ラーメン一杯ごとにアプリ内にスタンプが貯まり、徐々にランクアップしていきます。

Rank Up!

2. 1年以内に60杯達成でプレミアムメンバーに！1年間ラーメンが500円(+税)で食べられるチャンス！

会員登録後、初回来店日から1年以内に60杯をお召し上がりのお客様は、一風堂コアファンの証として「プレミアムメンバー」へ昇格。1年間、一風堂のラーメンを500円(+税)で食べられるという特権が得られます！

IPPUDO PREMIUM MEMBERS

3. 全国の一風堂ファンと競い合う杯数ランキングや、お誕生月特典、最新ニュースの配信も！

一風堂で食べたラーメンの杯数を競い合うランキングや、お誕生月のスペシャルクーポンなど、楽しめる要素が満載。限定ラーメンやキャンペーンの情報もいち早くお届けします！

[本件に関するお問い合わせ]　博多 一風堂 プレミアムメンバーズカード事務局
premium@chikaranomoto.com

戦略性

新アプリで優良顧客を優遇
特典をアピールして登録を促進

飲食業界をはじめ食に関する業界の競争が激化するなか、力の源ホールディングスは中核ブランド「一風堂」の強化や収益性向上を目指し、公式アプリをスタートした。アプリでは、過去に実施していた紙のポイントカードにおけるランク昇格の仕組みを踏襲し、ラーメンを年間60杯飲食していたプレミアムメンバーをスタート段階で優遇。プレミアムメンバーにDMを送付し、特典とあわせて公式アプリの告知を行い、アプリへの登録を促した。

従来の紙のポイントカードを通じて獲得していたプレミアムメンバーの情報は住所と電話番号が中心だったため、アプリ登録を通じてメールアドレスを獲得し、届けたい情報をいつでもリーチできる状態をつくる狙いもあった。

クリエイティブ

従来の紙のテイストを踏襲
馴染み深く理解しやすいものに

DMは、アプリへの新規登録段階でプレミアムな待遇が受けられると実感させられる内容を意識。アプリ内のランクアッププログラムについて、従来のポイントカードのテイストを踏襲した文言やビジュアルを用いて解説することで、プレミアムメンバーにとって馴染み深く、内容が理解しやすいように工夫した。

アプリは、一風堂の創業34周年祭が行われた10月16日に公開された。
歴代プレミアムメンバーには、それに先立ち先行で案内が届けられた。

目的	継続顧客化
DMの役割	アプリへの登録誘導
発送数	3万3103通
効果	入会率45.8%、1万5144人のアプリ会員を獲得
他媒体との連携	ウェブ
ターゲット	過去に実施していた紙のポイントカードにおいて、ラーメンを年間60杯飲食していたプレミアムメンバー

POINT 2

文言やビジュアルは従来の紙のポイントカードを極力踏襲し、内容を理解しやすいように工夫した。

基礎情報

☑ **企業概要**
（主な商品、サービス、ビジネス内容）
ラーメン専門店「一風堂」などの運営

☑ **ダイレクトマーケティングツールの活用状況**
今後、顧客との接点を維持するためのツールとして継続活用する見込み

なぜDMを使用したのか
従来のプレミアムメンバーについて、住所情報などのリストを保有していたため。

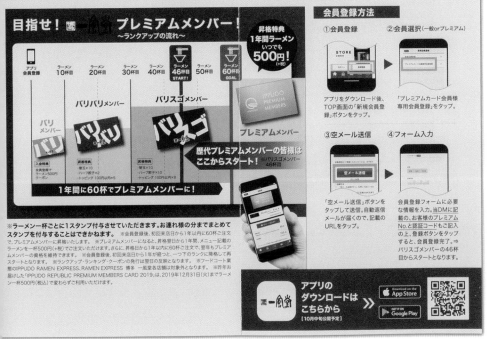

実施効果

送付対象者の約半数が登録
SNSでも話題に

　送付通数3万3103通に対してアプリ会員の登録数は1万5144件で、登録率は45.75%を達成。DMはSNS上でも話題になった。引っ越しなどでDMが届かなかった人もいたが、アプリのスタートと同時に公式サイト内にアプリの特設ページを設けて情報を発信したことで、SNSなどで話題を目にしたプレミアムメンバーによる問い合わせにもつながった。

審査会の評価点

戦略性	/	★ ★ ★ ★ ☆
クリエイティブ	/	★ ★ ★ ☆ ☆
実施効果	/	★ ★ ★ ★ ★

審査委員講評

コロナ禍で飲食店業界が厳しい中、ファン及びファン見込み客をしっかり呼び込む施策になっていて素晴らしいと思いました。データをしっかり活用し、アプリという身近なデバイスツールを活用することでお客様の利用しやすさのハードルを低くできていることも良いと思いました。　　　　　　　藤原尚也

・ DM診断 ・

ここが秀逸!

紙のポイントカードのユーザーにアプリ登録を勧めるDM。45%を登録に導くという非常に高いパフォーマンスを発揮した。紙のポイントカードのランクアップ制度がアプリにも反映されていたり、ヘビーユーザーには大きなメリットがあったりと訴求内容の魅力も然ることながら、ユーザーに刺さる情報を分かりやすく、圧着ハガキ1枚で無理なく伝えるクリエイティブのバランスの良さがすばらしい。

オープンキャンパスに代わる動画の閲覧を促進
総視聴回数は11.5万回に

視聴回数10万超！
電大YouTubeキャンパスDM

》広告主　東京電機大学
》制作者　フュージョン、自然農園

staff　Adv 内山 菜々　Dir／PL 佐藤 雅美、田村 亮子、矢野 真依子　AE 植松 勇生　CD 澁谷 智誉丸　I ホンダ チヒロ

POINT
1
ライトノベル風のクリエイティブで、入学すると「やりたいことができる、成長できる」ことを訴求。

戦略性

DMで動画コンテンツの閲覧に誘導
SNSとも連携し、閲覧回数向上へ

　従来のオープンキャンパスがコロナ禍で開催できないため、YouTubeで公式チャンネル「電大YouTubeキャンパス」を開設し、電大の特長を紹介する動画コンテンツを60本配信。DMは毎年オープンキャンパスの告知チャネルとして利用していたが、今年は動画コンテンツの閲覧誘導に活用。他大学の志願者獲得プロモーションもWebに集中していたことから、差別化を図る狙いもあった。

　DMと並行し、LPやTwitterから動画に誘導する施策も実施。Twitterでは、DM送付後に60本の動画の内容を定期的に投稿し、DMとの相乗効果で動画の閲覧回数アップを図った。

クリエイティブ

動画閲覧のメリットを訴求
DM限定動画を誘導のフックに

　DMでは、「電大YouTubeキャンパス」の動画を見ると各学科の特長や雰囲気が分かることを伝え、QRコードから動画に誘導。DM限定動画への案内も掲載し、誘導のフックとした。また、3年前のDMで人気のあったキャラクター「のべる」を起用し、ライトノベル風のクリエイティブで、電大に入学すれば自分が本当にやりたい勉強ができることも表現した。

　動画のサムネイルは、統一感を持たせつつも学部ごとに色分けするなど、分かりやすさを意識した。

実施効果

他大学を凌駕する視聴回数を記録
SNSでも話題に

　チャンネル全体の総視聴回数は開設後およそ1ヶ月で約11.5万回となり、想定以上の

POINT 2

「電大YouTubeキャンパス」の動画
で各学科の特長や雰囲気が分かる
ことを伝え、QRコードから誘導。

目的	大学志願者数の増加
DMの役割	動画コンテンツへの誘導
発送数	3万6395通
効果	動画の総視聴回数 11万5614回
他媒体との連携	ウェブサイト、YouTube、Twitter
ターゲット	資料請求した高校生

基礎情報

☑ **企業概要**
（主な商品、サービス、ビジネス内容）
理工系の私立大学

☑ **主なターゲット顧客層**
理工系の分野に関心の高い高校生

☑ **ダイレクトマーケティングツールの
活用状況**
オープンキャンパス告知のチャネルとして、
毎年活用

なぜDMを使用したのか

オンラインの広告接触に慣れて
いる若年層には、DMが新鮮に
受け止められやすい。コロナ禍
の今年度は他大学の志願者獲得
プロモーションがWebに集中し
ていたため、他大学との差別化
を図るチャネルとしても活用。

POINT 3

DM限定動画への案内も掲載し、
誘導のフックとした。

審査会の評価点

戦略性	/	★ ★ ★ ★ ☆
クリエイティブ	/	★ ★ ★ ★ ★
実施効果	/	★ ★ ★ ★ ☆

審査委員講評

例年、電大のオープンキャンパスの取り組みは
楽しく拝見していますが、今年はオープンキャ
ンパスを実施できない状況を逆手にとり、
YouTubeとDMを組み合わせるという攻めの
一手を取られたことに感動しました。　徳力基彦

視聴回数に達した。Twitterでは、「電大
YouTubeキャンパス」を第3のキャンパスと
発信したことで、「祝！電大YouTubeキャ
ンパス開校！」「転学部したい」などと話題に
なった。

・ DM診断 ・

ここが秀逸!

デジタル系のイベント集客に紙の
DMを用いたのが新しい。その結果、
動画の総視聴回数は他大学に差をつ
ける11万回以上にのぼった。SNS
でも話題になり、2019年はDMそ
のものがSNSで拡散される流れが
あったが、DMからSNSへの誘導が
可能であることも示した。ウェビナー
やオンラインイベントの集客であって
も、一つの手法として紙のDMが有
用であることを明らかにした事例。

AIを活用し精度の高いリストを作成
ポイントインセンティブを上回る効果を実証

顧客の「欲しい」を予測！
AI購買予測で220%成長

》広告主 **日本ロレアル**
》制作者 **電通**

staff　Adv 森川 美結　AE 工藤 亮　EC 鈴木 孝浩（楽天）

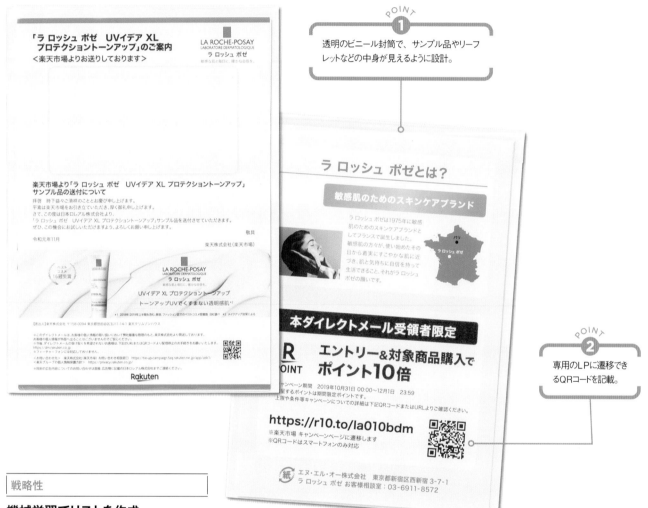

POINT
1
透明のビニール封筒で、サンプル品やリーフレットなどの中身が見えるように設計。

POINT
2
専用のLPに遷移できるQRコードを記載。

戦略性

機械学習でリストを作成
複数のアプローチで効果を検証

新規顧客獲得のため、楽天のECデータに機械学習を組み合わせて顧客ごとの購買確率を予測し、精度の高いDM送付リストを作成。サンプル品を同梱してリーフレットと共に送付した。DM送付先は、購入に伴うポイントインセンティブの有無で2グループに分け、顧客の反応を計測した。また、DM投函前にキャンペーンサイトを立ち上げて商品訴求と理解促進を行い、DMを受け取る前にキャンペーンサイトに接触することが、購買にどのように影響するかも検証した。

クリエイティブ

商品サンプルが見える設計で
開封を促進

透明のビニール封筒で、サンプル品やリーフレットなどの中身が見えるように設計。また、コスメサイトの受賞マークを掲出し、商品に対する信頼感を醸成した。DMには、購入動線をスムーズにするためにQRコードを記載。ポイントインセンティブの有無で分けた2グループそれぞれに対し、購入用のLPを用意した。

実施効果

対象者の30%が購入意向示し
購買率は通常の2.2倍に

レスポンス数（サンプリング対象者の事後アンケートで、購入意向を示した人数）は約30%で、購買率は通常のDM施策の2.2倍に。さらに、リピーターは15%にのぼった。

DM受領者のうち35%は、商品は認知していたが未購入者で、潜在検討層にもアプローチできていたことが分かった。また、ポイン

目的	新規顧客の獲得
DMの役割	認知・購入促進、ECサイトへの誘導
発送数	5万4200通
効果	レスポンス率30%
他媒体との連携	ECサイト
ターゲット	本商品の購入実績がない新規顧客

POINT 3
コスメサイトの受賞マークを掲出し、商品に対する信頼感を醸成。

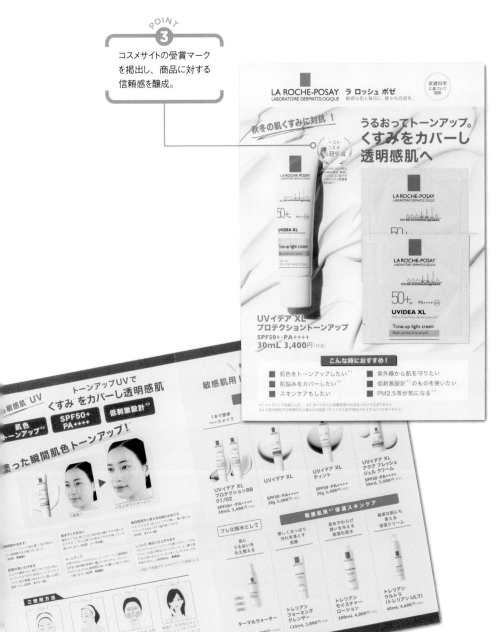

基礎情報

☑ **企業概要**
（主な商品、サービス、ビジネス内容）
化粧品の製造や販売

☑ **ダイレクトマーケティングツールの活用状況**
新規獲得のため、サンプル同梱DMなどを活用

なぜDMを使用したのか
商品サンプルとリーフレットを同梱し、新規顧客の獲得につなげるため。

審査会の評価点

戦略性	/	★★★★★
クリエイティブ	/	★★★☆☆
実施効果	/	★★★★★

審査委員講評

ECの購買履歴データとAIを組み合わせて購買確率を推定するという手法は、今最も進んだターゲットの絞込みだと思います。それまでのDMの2.2倍の成果という点も含めて、今後の新規獲得領域での「高精度DM」事例として評価したい。　　椎名昌彦

トインセンティブの有無による購買率の差異は特に見られなかったことから、リストの精度が高ければポイントインセンティブが不要であることも分かった。

キャンペーンサイトとの連携においては、DMを受け取る前にキャンペーンサイトに接触した人の方が、接触しなかった人よりも1.5倍ほど購買率が高かった。

・DM診断・

ここが秀逸!

1万件以上の顧客データから属性や購買履歴などの情報を分析し、有効なターゲットを徹底的に絞り込むことで、新規獲得におけるレスポンス率が30%と非常に高い成果を出した。この場合は楽天の顧客データを活用しているが、同様に膨大な顧客データベースがあれば、その活用で新規獲得でもパフォーマンスの高い成果が出せることを示した。

質感やデザインの高級感の表現にこだわり
手書きDMからの切り替えに成功

ポイント有効期限のお知らせが
タイムリーに届くDM

》広告主　PVHジャパン（トミー ヒルフィガー）
》制作者　博報堂プロダクツ、グーフ

staff　Dir 宮垣 香（PVHジャパン）、西川 暢一（博報堂プロダクツ）、近藤 寛一（グーフ）　CD／AD 中山 貴大（博報堂プロダクツ）
PI 松山 真由美（PVHジャパン）　Co 児玉 みなみ（PVHジャパン）、山村 みゆ（博報堂プロダクツ）

POINT 1
ブランドからのお知らせであることが
一目で分かるよう、ブランドカラーの
ストライプとロゴを封筒にあしらった。

POINT 2
より高級感のあるDMになるよう、
厚みと質感のある紙を選定。

戦略性

MAで既存のDM施策を自動化
事務的にならないよう工夫

アパレルブランド「トミー ヒルフィガー」の会員に対し、保有ポイントが失効する1カ月前に利用可能ポイント数やポイントの有効期限日などをDMで知らせ、最終来店日から1年以内の再購入を促進した。もともとは店舗スタッフによる手書きのハガキDMを送付していたが、マーケティングオートメーション（MA）で対象者の抽出からパーソナライズ印字までのプロセスを自動化。高級感のあるDMになるように封書型とし、厚みと質感の

ある紙を選定した。

自動化の実現にあたり、社内に向けて既存DMとの違いの説明や手動テストによる費用対効果の提示を行い、投資承認を得た。

クリエイティブ

可変部分でもブランドを表現
高級感のあるデザインに

手書きのDMをデジタル化したことで事務的にならないよう、「トミー ヒルフィガー」のブランドとして高級感のあるデザインや仕様を意識。利用可能ポイント数やポイントの有効期限日などの可変部分も、ブランドカラーや

分かりやすいフォントで表現した。封筒には、「トミー ヒルフィガー」からのお知らせであることが一目で分かるよう、ブランドカラーのストライプとロゴをあしらった。

実施効果

安定した運用が実現し
手書き時よりも効果がアップ

3500ポイント以上を保有している会員に向けて計1037通送付し、購入件数は563件、レスポンス率は54.29%。手書きDMでも一定の効果を得ていたが、手書きDMを実施できる店舗とできない店舗のばらつきを解消

目的	継続顧客化
DMの役割	顧客の活性化／来店誘導
発送数	1037通
効果	レスポンス率54.29%
他媒体との連携	Eメール
ターゲット	アパレルブランド「トミー ヒルフィガー」において、3500ポイント以上保有し、かつポイントの有効期限が1カ月後に迫る会員

POINT **3**

利用可能ポイント数やポイントの有効期限日といった可変部分も、ブランドカラーで表現。

基礎情報 |

☑ **企業概要**
（主な商品、サービス、ビジネス内容）
アパレルブランド「トミー ヒルフィガー」や「カルバン・クライン」の運営

☑ **ダイレクトマーケティングツールの活用状況**
定期的な施策として継続

なぜDMを使用したのか
高いレスポンス率や高い費用対効果を維持できているため。

トミーヒルフィガー カスタマーサービス 様のポイント情報

my TOMMY

ご利用可能ポイント **9,874 POINT**

9,874 円 相当
のお買い物ができます。

ポイント有効期限 **2019** 年 **09** 月 **30** 日まで
ポイントの失効にご注意ください。

※本ご案内作成時点のポイント数、有効期限です。本ご案内と行き違いでご利用いただいている場合は、何卒ご容赦ください。
ご案内作成日時 2019年02月10日

お近くのストアや公式オンラインストアでご利用いただけます。

ご案内の停止・登録内容の変更は、
tommy.comマイページから
お手続きをお願いいたします。
https://japan.tommy.com/
shop/login

〒100-0011
東京都千代田区内幸町2-1-6
トミーヒルフィガー カスタマーサービス 様

9999999999992

トミー ヒルフィガー カスタマーサービス
0120-266-484（平日10:00〜18:00）
〒100-0011
東京都千代田区内幸町2-1-6
日比谷パークフロント16F
合同会社 PVHジャパン

トミーヒルフィガー カスタマーサービス 様へ
いつもTOMMY HILFIGERをご愛顧いただき、ありがとうございます。
現在お持ちのポイントの有効期限が迫っております。
期限が来る前に、ぜひ新しいアイテムのご購入にお役立てくださいませ。
ポイントは、全国のストアでも公式オンラインストアでもご利用いただけます。

TOMMY ▭ HILFIGER

審査会の評価点

戦略性	/	★ ★ ★ ☆ ☆
クリエイティブ	/	★ ★ ★ ★ ★
実施効果	/	★ ★ ★ ★ ☆

審査委員講評

今までのDMでは、自分が使用できるポイント数や金額の表記は、いかにもそこだけ他の印刷部分と違って打ちかえていると分かるものが大半でしたが、これはフォント選びなども上手く、他のデザイン部分と自然と馴染んでいて違和感がなかったので驚きました。

秋山具義

し、有効期限1カ月前という適切なタイミングでお知らせできるようになったことで、手書き時よりもレスポンス率が向上した。

DMとメールの両方を受け取り可能としている顧客には、どちらも併用してお知らせを実施。その結果、DMとメールの両方を受け取ったグループはレスポンス率が55.7％、DMのみ52.4％、メールのみ36.0％となり、複数のメディアを組み合わせた方がより高い効果が得られることを証明した。

・DM診断・

ここが秀逸！

ポイントの残高と有効期限を知らせることで来店や購買に誘導するシンプルなDMだが、クリエイティブが非常に洗練されている。パーソナライズされる残高や有効期限の印字部分は、ビジネスライクな字体がよく用いられるが、このDMではブランドイメージに即した字体やカラーになっておりレベルが高い。見せ方もシンプルで分かりやすく、レスポンス率が54％と良好なのも、それによってきちんと誘導できた結果だと言える。あわせてDMとメールの組み合わせテストも行っており、DMの優位性の高さを確認できたところもポイント。

DM AWARD 2021

銅賞
BRONZE
★

審査委員特別賞
データドリブン部門

店頭接客の弱点を補うDM設計
パーソナライズした内容で加入を促進

コンタクト定期便トリガー DM

ビジョナリーホールディングスの宮森修仁氏

» 広告主　ビジョナリーホールディングス
» 制作者　ファインドスター

staff　Adv 宮森 修仁、佐藤 真也、青木 俊明　Dir 井爪 敦、諸岡 可菜　CD 佐藤 るり子

目的	コンタクト定期便加入率向上
DMの役割	主に継続顧客化
発送数	2万9143通
効果	注文、申込件数290件
他媒体との連携	店頭

POINT
店頭コミュニケーション内容を、オンデマンド印刷を用いてDMに反映した。

POINT
コンタクトを使い終わるタイミングに合わせて、DMを発送。

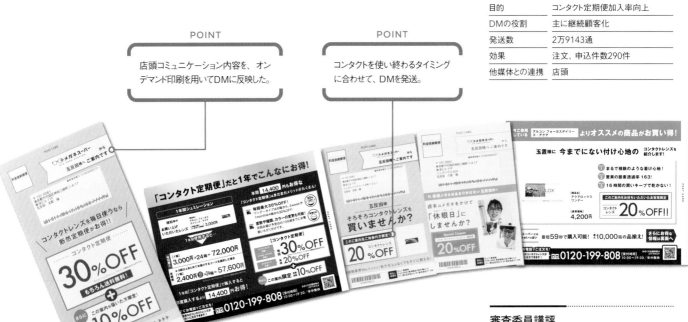

審査委員講評

顧客の定期購買への未加入の理由を反映した訴求と、現状のコンタクトを使い切る手前に到着するようにする投函タイミングを、それぞれ店員がカスタマイズできるという柔軟さ。シンプルですが効果を引き出す設計で秀逸でした。　　　山口義宏

[戦略性・クリエイティブ・実施効果]

店頭で取得した顧客情報をもとに
内容と発送日をパーソナライズ

　全国でメガネスーパーを展開し、メガネやコンタクトレンズを販売するビジョナリーホールディングスは、コンタクトレンズを定期的に配送する「コンタクト定期便」加入率向上を目的にDMを活用した。

　同社ではメガネスーパー店頭でのコンタクトレンズ購入者に対して、定期便加入を効果的に訴求できていないという課題を抱えていた。そこで、オンデマンド印刷を用いて顧客ごとにパーソナライズしたDM発送により店頭接客の弱点を補い、加入率向上を目指した。

　店頭でのコンタクトレンズ購入時の接客内容をもとに、接客したスタッフ自身がPOSレジで、DM発送タイミングやクリエイティブ訴求内容を設定。お客様との店頭コミュニケーションを大切にする同社の強みを、パーソナライズDMで実現した。クーポンなどのオファーの見せ方もインパクトを与えるような工夫も行った。適宜顧客の名前を加え、一括印刷ではできない自分ゴト化できる訴求を実現した。発送時期も使い終わる日に近づけることで購入ニーズが最も高まるタイミングで届けた。

　DMによりこれまで店頭だけでは伝え切れていなかった定期便のメリットを効果的に訴求できるようになった。その結果、コンタクト購入者が次の来店時に定期便へ加入する比率を高めることに成功した。

・DM診断・

ここが秀逸！

　定期便に加入していない人に対して、加入を訴求するDM。ターゲットをセグメントし、訴求の切り口を数パターン用意して切り替えることで、ターゲットごとに訴求の最適化を行った。発送タイミングと店舗接客でのヒアリング情報をもとにしたパーソナライズDMの実現によって、コンタクト定期便加入率と店舗来訪率が改善された、効果の高いDM施策。

連載マンガ風の学部案内で 入学前にファン化を促進

記憶に残る連載マンガ郵送 A4ハガキ型DM

左から、ネクスウェイの坂井一仁氏、細川真衣氏、酒見茂人氏

» 広告主　アミューズメントメディア総合学院
» 制作者　ネクスウェイ、アミューズメントメディア総合学院

staff　Dir 酒見 茂人　Pl 坂井 一仁、細川 真衣　漫画家 こわたり ひろ

POINT
8つの学科から「マンガイラスト学科」に絞り、学科の特色を伝えるマンガを制作。

POINT
あえて週に一度、6回に分けることで継続して届くワクワク感を醸成。

目的	顧客とのコミュニケーション、ブランディング
DMの役割	主に見込み顧客育成
発送数	1800通
効果	前年と遜色ない成果を残した

戦略性・クリエイティブ・実施効果

連続性のあるマンガで 次への期待感と接触回数増を狙う

　コンピュータソフトウェアやアニメーション、マンガ制作の専門学校、アミューズメントメディア総合学院は、コロナ禍で対面の学校説明会が実施できない状況をDMによって代替した。学院に入学資料請求した300名を対象に、連載型のマンガを意識し、週に一度全6回を届けるDMを発送。学院の長所を伝え、入学前にファンになってもらうことを目指した。

　従来の複数学部の情報を網羅する形の資料送付では開封率が下がり、目的を果たせないのではないかと想定。この仮説をふまえ、8つの学科から「マンガイラスト学科」に絞り、学校案内とは別に学科の特色を伝えるマンガを制作することとした。情報を一度に伝えると拒絶反応が高くなるため、あえて週に一度、6回に分けることで継続して届くワクワク感を醸成した。マンガには前回のあらすじや次回予告を入れ、連続性を印象付けた。マンガ自体に興味を持ってもらえるように、一般のマンガ作品のようなファンタジー設定を採用。続きの存在を認識させることでDMを手元に残すように誘導し、接触回数を増やすことを狙った。

　週一度、全6回の約1カ月半にわたるプロモーションの結果、前年と遜色ない成果を残し、翌年の入学者数維持への期待も高まった。

審査委員講評

説明会が実施できない代替策として、インパクト抜群な大判の漫画DMを活用。6回連載物を小出しで送ったのもアイデア。こんな漫画が描けるんだと、入学後の自分のイメージを膨らませ、入学希望の意思を高めることに成功しています。　　　明石智子

・DM診断・

ここが秀逸！

コロナ禍でリアルの説明会への動員が減少することを懸念してDMを活用。過去にコンタクトがあった人に対して、全6話の漫画を1話ずつ送付した。メールであればここまでのフォローはできないが、DMを用いることでしっかりとエンゲージメントを得、前年と変わらない動員数を維持できた。

担当スタッフからの「直筆」の手紙
顧客の2割から感謝の声

恩返しの手紙

アングルの小原隆介氏（前列右）、
滝本茂氏（前列中央）、
オバラメガネ日新店のスタッフの皆さん

» 広告主　アングル（オバラメガネ）
» 制作者　アングル（オバラメガネ）

staff　CD 小原 隆介　Dir 滝本 茂

POINT

積極的に来店を訴求できない状況下で思いを
伝えるため、スタッフ直筆の手紙にこだわった。

目的	コロナ禍での顧客コミュニケーション
DMの役割	主に継続顧客化
発送数	2622通
効果	レスポンス率20.21%

POINT

当時店頭で品薄となって
いたマスク2枚も同封して
送付した。

いつも 大変 お世話 に なりまして
ありがとう ございます。
お元気で お過ごしでしょうか
遅くなりましたが、マスクが手に入りましたので
送らせていただきます。
使っていただければ 幸いです。
早く元の日常に戻って欲しいですね。
体調にお気をつけて下さいませ。

オバラメガネ日新店

【戦略性・クリエイティブ・実施効果】

当時品薄だったマスクも同封
上顧客にお店からの「思い」を伝えた

　北海道内を中心にメガネ店を展開するアングルは、運営する店舗でコロナ禍中の施策としてDMを発送した。

　既存顧客を対象に、スタッフ直筆の手紙と当時店頭で品薄となっていたマスク2枚を同封、2622通を送った。新型コロナウイルスの感染拡大で不安を抱える顧客に対し、積極的に来店を訴求できないものの、必要なときはいつでも受け入れることができるという思いを伝えるため「手書き」にこだわった。

　役職や個人の仕事量を問わず、それぞれの担当顧客には自筆で書くことを徹底。作業時間の確保には苦労もあった。また、乱筆のためワープロの使用や代筆を希望するスタッフもいたというが、目的の共有やゆっくり丁寧に書くといった具体的な指示もあり、2622通全て手書きにすることができた。

　DMを受け取った顧客からは「外出できず人との接点が無かったので手紙が来て嬉しかった」「マスクが買えない中、もらえて涙が出た」など、7店舗合計で電話289件、手紙21件、来店185件、SNSでも35件と約2割の顧客から反応があった。こうした声を受け、スタッフのモチベーション向上にもつながった。本来の目的とは異なったものの、結果として3月〜5月で68％だった前年比売上が、6〜8月には127％に向上する波及効果も生まれた。

審査委員講評

あのマスク不足のタイミングで2600以上のお客様にマスクを送れたこと自体がすごいと思います。DMを受け取った方々は、きっとこの経験を忘れないはず。DMの原点にあるべき行為かなと思います。　徳力基彦

• DM診断 •

ここが秀逸!

2020年の3〜5月という、全国でマスク購入のニーズが高まっている時期に、マスクを2600枚用意して送付したことで、顧客が困ったときに、必要なものをタイムリーに提供できるという印象を与えることに成功したと考えられる。手書きの手紙の同封も、手がかかっている。

行動経済学の「保有効果」を応用した実証実験型DM

日本リテンション・マーケティング協会

"実証実験企画"
低周波治療器交換用パッド購入促進

» 広告主　オムロンヘルスケア
» 制作者　アドレス通商、グーフ、フェアグラウンド、フジプラス、ミシェル

staff　TEAM JRMA：花岡 大樹、関口 昌弘、保泉 繁夫、西須 健晴、江藤 直軌、野口 健介

POINT
低周波治療器の利用者に、交換用パッドの商品の原寸写真型のDMを送付。

POINT
さらに、商品特性の粘着性を想起させる圧着開封仕様を採用している。

目的	リテンションマーケティングの学習、深耕と啓蒙
DMの役割	主に継続顧客化
発送数	5万通
効果	売上1447万6800円
他媒体との連携	Eメール

審査委員講評

交換パッドの購入促進のためのDMの形態を、持ち主であれば必ず認識できる形にすることで目に留めてもらうという、シンプルですがDMならではのアプローチだと思います。

徳力基彦

【戦略性・クリエイティブ・実施効果】

商品を想起させる原寸大デザインと圧着開封仕様でレスポンスを誘導

　日本リテンションマーケティング協会は、リテンションマーケティングの学習、深耕と啓蒙を目的にDMによる実証実験を行った。オムロンヘルスケアをクライアントとし、同社の通信販売で低周波治療器を購入した人に対して、交換用パッド購入を促すコミュニケーションをDMのみ、Eメールとメール、Eメールのみといったスキームで実施。結果を比較検証した。

　行動経済学の心理傾向のひとつとして知られる、自身が保有するものの価値を高く感じ、手放したがらない「保有効果」の原理をDM

に応用。注目率を高めるために、発送相手の保有商品原寸大のデザインと商品特性の粘着性を想起させる圧着開封仕様を採用。顧客が抱えていると想定する課題を意識させ、開封後にその課題の理由と解決策を提示することで反応を誘導した。

　検証の結果、DM単体での接触がEメールとの組み合わせよりも行動を促す傾向にあった。これはDMでの接触によるサプライズ、インパクトが行動に影響しているためで、事前にEメールでの告知がその感覚を弱めるのではないかと見られている。また、48日後、120日後とDMの行動喚起は長期にわたり影響を発揮。これはDMの保存性が受け取った人の記憶に長く残るため、能動的な行動促進が期待できるのではないかと考えている。

・DM診断・

ここが秀逸!

原寸大の商品の写真がインパクトを与えている。DMとメールの組み合わせテストでは、DMよりもEメールを先に送付すると、DMのみよりもパフォーマンスが低いという興味深い結果を得た。DMを先に受け取った場合は驚きやインパクトがあるが、Eメールが先だと、DMの驚きが半減するためと推測される。DMとEメールを組み合わせる場合は、DMを先に送るのが鉄則だ。

コロナ禍にDMの存在意義を表現し
新規顧客を獲得

白紙になったコロナ禍に、
起死回生のホワイトDM！

左から、ガリバーの大坪由昌氏、
井上大輔氏、吉野弘之氏、伊東弘美氏

》 広告主　ガリバー
》 制作者　ガリバー

staff　Dir 大坪 由昌　Pl 井上 大輔、吉野 弘之　AD／D／C 伊東 弘美

POINT

開封を誘引するために
ジッパータイプのパッケ
ージを採用。

POINT

最もこだわったのは擬似エンボスを
映えさせるための紙選び。エンボス
が最も美しく見える紙を選択した。

目的	新規顧客の開拓
DMの役割	主に見込み顧客の発掘
発送数	870通
効果	注文数3件、売上376万円

審査委員講評

まさに「DMを売るためのDM」。コロナ禍だからこそ、DMが重要であり効果があることをストーリー仕立てで見せて、まるで絵本のようにわかりやすくまとまっていました。とても説得力があり、社長である私が単純にDMをやろうかと感じるほどでした（笑）。

加藤公一レオ

【戦略性・クリエイティブ・実施効果】

コロナ禍だから生まれた
DM自体の意義を伝えるメッセージ

　DM専門企業ガリバーは、これまで接点のなかった企業に向け、自社サービスを訴求するために、コロナ禍にありながらDMでアプローチを敢行した。

　課題としたのは「DMだからできること」「DMにしかできないこと」を伝えること。ただ、DMの紙面でダイレクトに表現すると真意は届かないと考え、電話営業によるフォローを実施。また、単なる売り込みのDMという位置づけではなく、顧客の課題を解決するような「寄り添うDM」とすることを意識した。

　DMは第3位の広告メディアであることをティザーとして興味を獲得し、メインコピーではDMとは何かという問いかけを行い、その答えにつながるキーワードを擬似エンボスで表現。開封を誘引するためにジッパータイプのパッケージを採用。最もこだわったのは擬似エンボスを映えさせるための紙選び。紙もデザインの一部として、手に取ったときにエンボスが最も美しく見える紙を選択した。

　DMにより発注につながった顧客が生まれただけでなく、発送後の電話営業では取引や問い合わせにつながらなかった顧客からも、DMそのものやその活用に関して前向きな言葉が多く集まった。また、これまで接点のなかった企業に送ったDMだったにも関わらず、クレームは1件もなかった。

・DM診断・

ここが秀逸！

DMに特化する広告会社として、リアルの営業ができない今こそDMを活用するチャンスであることを訴求した。ターゲットはDMを使ったことがない企業が多いが、基本的なことからしっかりと情報がまとめられ、問い合わせ方法も明記されて分かりやすくなっているところが高評価。売上もしっかり出ている。

DM AWARD 2021
銅賞
BRONZE

スクラッチ式クーポンでワクワク感
DMでテレビ通販番組の売上が向上

HAZZ
with YOU all the time

放送前に届き、
特典を見るワクワク感を演出したDM

» 広告主　関西テレビハッズ
» 制作者　フュージョン

staff　Adv 保 美帆　Dir／PL　木田 信一　AE 植松 勇生

POINT

封筒にはトレーシングペーパーを使用し、中身を"チラ見せ"することで開封率UPを狙った。

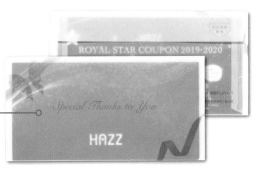

目的	年末商戦での売上向上と客単価アップ
DMの役割	主に継続顧客化
発送数	4000通
効果	レスポンス率58.5%
他媒体との連携	テレビ

POINT

年末年始に使える、4種類の割引率のスクラッチ式クーポン券を同封。

審査委員講評

テレビ番組という一方通行のコミュニケーションもDMを活用することで、疑似的に双方向化できている点が素晴らしい。ターゲットを明確にし、事前に特典を送ることで、買い物をする感情モチベーションを高め、番組内のレスポンス率を高めています。また、クリエイティブもターゲットに分かりやすいフォントでシンプルに作られています。　藤原尚也

[戦略性・クリエイティブ・実施効果]

中身の"チラ見せ"やスクラッチ式のクーポンで期待を高める

　関西テレビハッズは、制作する複数のテレビ通販番組の上位顧客との関係性維持と購入回数を増やすことを目的に、DMを継続的に活用している。番組以外のタッチポイントとして放送前に届け、期待感を持ちながら視聴してもらうことが狙いだ。

　今回は、年末年始の利用促進と客単価アップを目指し、割引率の異なる4種類のクーポン券を同封。クーポンは、12月は5％オフ、1月は1000円オフ、2月は500円オフ、3月は10％オフと月ごとに変化させたほか、スクラッチ式にすることで「ワクワク感」を演出し、利用を促す仕掛けとした。

　封筒はシンプルでありながらおしゃれさと遊び心も表現し、特別感を強調。素材にはトレーシングペーパーを使用し、内容物の存在を"チラ見せ"することで開封率を高め、期待を感じさせる効果も狙った。あえて番組で取り扱う商品紹介のツールは封入せず、特別オファーをスクラッチ式のクーポンという保存性と興味喚起の高い形にしたほか、担当者の似顔絵を加えることで身近さと感謝を伝えることを最重視した。

　DMは4000通発送され、過半数となる58.5％の顧客が利用した。利用回数は一人当たり1.7回、客単価も平均4万2187円と高い売上を実現した。2～3月は新型コロナウイルス感染拡大もあったが、その影響も受けずに販売を伸ばすことができた。

・DM診断・

ここが秀逸!

ロイヤルユーザーに対してお得な情報を届ける毎年恒例のDMだが、クーポンが毎回工夫されており、2020年はスクラッチを削ってみなければクーポンの内容が分からないという楽しみのある構成になっている。毎年のことながら、顧客を飽きさせまいとする姿勢がすばらしい。

抗菌印刷を施したマスクケースを同封
印刷会社ならではのお見舞DM

目標252%達成！
コロナお見舞マスクケースDM

左上から、ケンズの廣田悦子氏、石田ひかり氏、研文社の川口学氏
左下から、ケンズの東村一洋氏、研文社の吉原洋平太氏、ケンズの小礒かおり氏

» 広告主　**研文社**
» 制作者　**研文社、ケンズ**

staff　Adv 川口 学、佐藤 涼太郎、吉田 涼太　Pr 吉原 洋平太　D 東村 一洋、小礒 かおり、石田 ひかり　Co 廣田 悦子

POINT

抗菌印刷を施したオリジナルデザインのマスクケースを4種類製作。ランダムで取引先に送付した。

POINT

封筒には「新・マスク習慣サポートグッズ在中」と明記することで開封を促した。

DMの役割	主に見込み顧客の発掘
発送数	2268通
効果	レスポンス率12.61%
他媒体との連動	メール・電話

戦略性・クリエイティブ・実施効果

対面営業を補うDM施策で
新たな商機につなげる

　総合印刷会社の研文社は新型コロナウイルス感染拡大による緊急事態宣言下で顧客との対面コミュニケーションが減少。顧客との関係強化の必要性を感じ、既存、休眠、新規を問わず担当営業がいる取引先向けにDM施策を実施した。

　DMには挨拶状としてコロナ禍を共に乗り越えようというお見舞のメッセージと、「新しい生活様式」を象徴するオリジナルデザインのマスクケースを封入した。マスクケースは抗菌印刷を施したオリジナルデザインのものを4種類製作し、ランダムで送付。抗菌印刷の説明チラシもセットした。封筒は既製品を使用したが、「新・マスク習慣 サポートグッズ在中」と明記し開封誘引のギミックを加えた。

　DM到着直後からお礼のメールや電話、手紙があったほか、抗菌印刷への問い合わせも多数寄せられた。目標はレスポンス率5％と設定していたが、結果は大きく上回る12.6％を達成した。

　発送後には担当者名義でフォローメールを送信し、開封率42％、クリック率は19％に達した。加えてMAで集計した反応数値に応じて担当営業による電話フォローも実施。DMを契機とした担当者と顧客の双方向コミュニケーション拡大に成功しただけでなく、取引実績のない顧客や休眠顧客との商談機会増・受注にもつながった。

審査委員講評

コロナ下で「抗菌印刷」を使ったマスクケースという、印刷会社ならではの自社の「強み」を活かした戦略的なDMです。コロナ下での顧客心理をつかんだのと同時に、BtoBでの営業フォローとしてのDMの可能性も開きました。　佐藤義典

• DM診断 •

ここが秀逸！

コロナ禍でマスクの着用が基本とされる中、使いどころの多いマスクケースを送付した。これを受け取った人にどのようなアクションを起こしてほしいのかはもっと明確にすべきだが、結果としてお礼の電話や手紙が届くなど、レスポンス率は12％にのぼった。

受賞の好機を逃さず送付し
費用対効果100倍のインパクト

「レターパック×現物サンプル」=DM ?!

左から、
JPメディアダイレクトの中谷光伸氏、
七尾一二三氏、濱村篤司氏、中村崇男氏

» 広告主　JPメディアダイレクト
» 制作者　JPメディアダイレクト

staff　Pr／Pl／C 濱村 篤司　PrintingDr 中谷 光伸　AE 中村 崇男、七尾 一二三

POINT

「レターパック」のロゴが見える透明の封筒内に「レターパック」の現物をそのまま封入。

POINT

受け手は中身を自社の印字見本付き現物サンプルとして見ることができる。

目的	BtoBのダイレクトマーケティング、ブランディング
DMの役割	主に新規顧客の獲得
発送数	259通
効果	売上2600万円
他媒体との連携	Webサイト・チラシ、各種メディア・PR

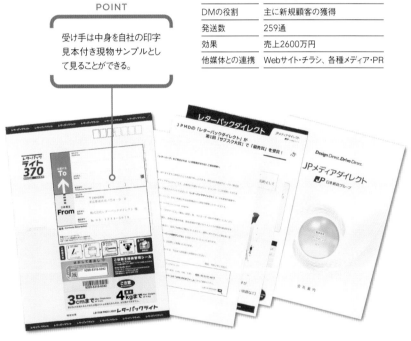

審査委員講評

売り込みたいサービスである「レターパック」自体をDMとして活用することで、直感的な理解と高い訴求を実現している。うまいのは、「サブスク大賞優秀賞」受賞というきっかけをストーリーに組み込んで利用している点ですね。　　　　　　　　椎名昌彦

・DM診断・

ここが秀逸!

個人に契約書を送らなければならない保険会社など、毎月何千枚という単位でレターパックを必要とする企業にターゲットを絞って狙い撃ち。現物のレターパックを用いてDMをつくり、サービスを訴求した。

戦略性・クリエイティブ・実施効果

発送先の社名、住所を印字し
一石二鳥の現物サンプルとして封入

　JPメディアダイレクトは、2013年から「レターパックダイレクト」のサービスを提供している。これは日本郵便のサービス「レターパック」を企業向けにアレンジしたもの。同サービスは2019年12月に「第1回サブスク大賞」で優秀賞を受賞。この結果が各種メディアに取り上げられたことを新規顧客獲得の機会ととらえ、2020年1月末にDMを発送した。ターゲットはこれまでの大口顧客から分析した、需要の高い業種・業態。

　「レターパックダイレクト」が「レターパック」を企業のニーズに合わせてアレンジしている

ことを訴求し、サービスの理解促進とリード獲得、新規成約につなげることを目指した。クリエイティブは、「レターパック」のロゴが見える透明の封筒内に「レターパック」の現物をそのまま封入。同封したレターパックの「FROM欄」に送り先の企業名・住所を印字し、DMの「宛名部分」としても機能するように設計。受け手はこの中身を自社の印字見本付き現物サンプルとして見ることができる「一石二鳥」の仕様とした。

　受賞をきっかけに発送したDMだったこともあり、さまざまなニュースソースと連動することに成功。社内や顧客への営業活動で話題づくりに注力した結果、大型案件の成約を獲得。費用対効果で換算すると100倍というインパクトを残した。

メッセージの見直しでCVRが大幅アップ
PayPayの利用拡大に貢献
前回比2.5倍！
CVR26.5%のPayPayDM

左上から、ソフトバンクの田中祐吉氏、
杉原渚氏、竹内忍氏
ジェイアール東日本企画の内田敦大氏、
榎本香菜氏、岩﨑アイルトン望氏
アイムの徳良聡司氏

》 広告主　ソフトバンク
》 制作者　ジェイアール東日本企画

staff　Adv 杉原 渚　Pl 澤田 学　AE 内田 敦大、榎本 香菜、岩﨑 アイルトン望　CD 徳良 聡司

POINT

宛名裏面はPayPay残高が
貯まっていることを伝える内容。

POINT

宛名面と中面はシンプルに使い忘れに気づかせる
内容とし、お得感と損失回避の2つの心情に訴えた。

目的	PayPayの利用拡大
DMの役割	主に継続顧客化
発送数	非公開
効果	CVR26.5%
他媒体との連携	SNS

【戦略性・クリエイティブ・実施効果】

宛名裏面と宛名面＆中面で訴求を変え
インサイトを刺激

　ソフトバンクは、電子決済サービス「PayPay」の利用促進を目的に定期的にDMを実施している。ターゲットはソフトバンクの契約更新者の中で長期継続特典で3000円相当のPayPay残高を付与されながら、まだ使用したことがない人だ。PayPay自体未使用か休眠、あるいはオンラインショッピングでの利用がない、使用シーンについて詳しくない層などである。

　DMをPayPay利用の第一歩とするため、受け取った人が残高を持っていることを想起させ、残高を確認するために二次元コードへアクセスすることを最初のステップとした。アクセスを誘導するため、DMの宛名裏面、宛名面と中面でクリエイティブのトーンを変化させた。宛名裏面ではプロモーション色を強め、PayPay残高が貯まっていることを伝え、宛名面中面ではシンプルに使い忘れに気づかせ、お得感と損失回避という異なる2種類の心情へ訴えることを意識した。PayPay利用最初の一歩の後押しとしてナビゲーターとなるキャラクターを設定、実店舗だけではなくオンラインでも使えることも伝え、利用促進を目指した。

　結果、CVRが前回比2.5倍となる26.5%を達成したほか、オンラインでの利用も増加した。また、残高1000円相当を付与した人の平均購入金額が3500円と付与以上の購買利用につながり、利用促進に貢献した。

審査委員講評

　一度使うことでソフトバンク経済圏に囲い込むそのための第一歩を、おトク感と使い忘れ回避のシンプルなメッセージで強力に促している。新しいサービス使用という行動喚起の高い壁に対するDMならではの突破方法だと思います。　　　　　木村健太郎

・DM診断・

ここが秀逸！

　「PayPayボーナス」をオファーの切り口に、シンプルで分かりやすく購買に誘導している。中を開けると、使い方がとても丁寧なクリエイティブで説明されている点も高評価。ローコストのハガキで、反応率26.5%と結果も良好だ。

DM AWARD 2021
銅賞
BRONZE

ゴルフ場を3つの属性に大別 切り口を変えて訴求力UP

テクノクラフト社／ゴルフカートナビ導入メリットDM

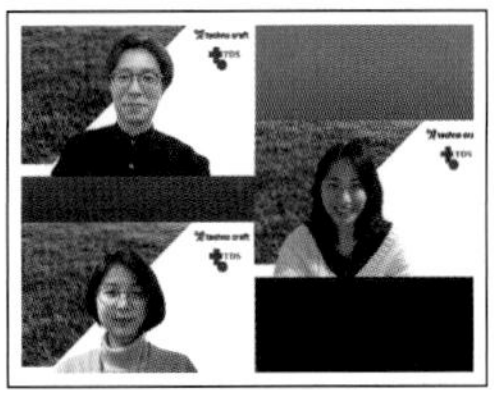

左上から、テイ・デイ・エスの下山裕策氏、山田遥氏、佐々木真葉氏

» 広告主　テクノクラフト
» 制作者　テイ・デイ・エス

staff　CD／AD 下山 裕策　D 山田 遥　Pl／C 佐々木 真葉

POINT
正方形の封筒で他社のDMと差異化。滑らかな手触り加工で印象に残る作り。

POINT
封筒の開封ジップはボールをカップインするギミックになっている。中身もボールの形状を採用した。

目的	シェア拡大
DMの役割	主に新規顧客の獲得
発送数	500通
効果	売上872万円

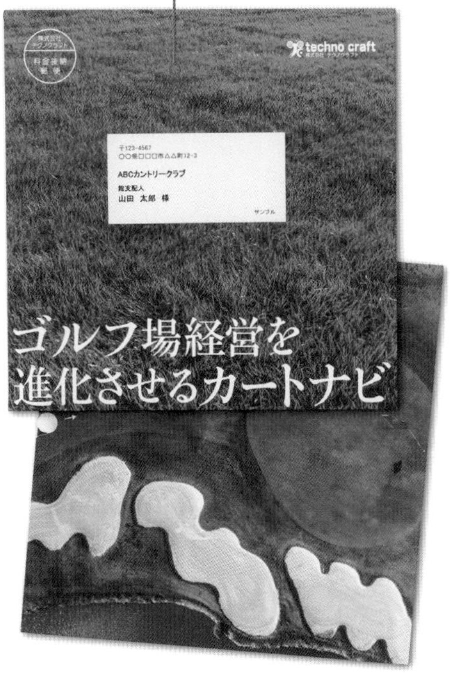

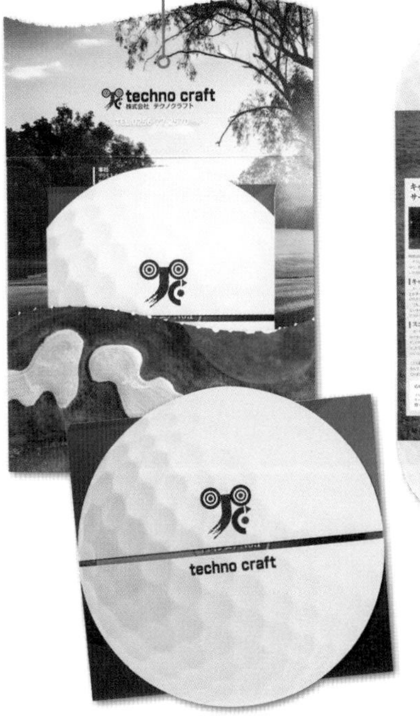

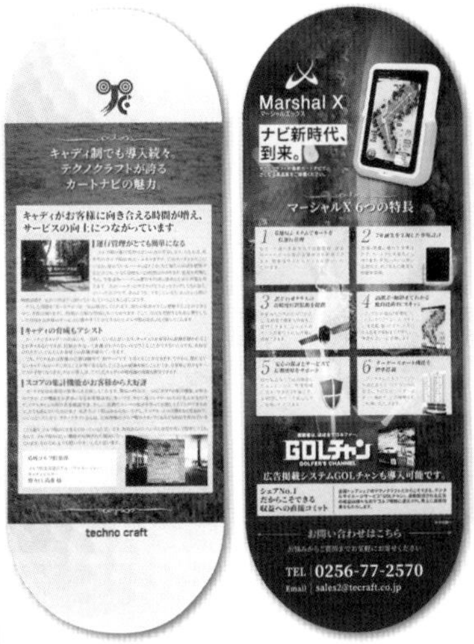

戦略性・クリエイティブ・実施効果

未導入の理由を3つに分類し メッセージを作り分けて発送

ゴルフカートナビ市場でシェアNo.1を誇るテクノクラフトは、さらなるシェア拡大を目指し、営業の中心となっている電話営業を支援するためにDMを活用した。

同社のゴルフカートナビ「マーシャルX」「マーシャルAi」は全国2000カ所のゴルフ場の内、800カ所に導入されている。残る1200カ所を、「必要性を感じていないため未導入」、「ナビの機能をキャディが行っている完全キャディ制」、「他社のカートナビを使用、もしくは導入検討中」という3つの属性に大別。属性ごとにメッセージを作り分けて発送した。

正方形の封筒で他社と差異化し、素材もベルベットPPを施し滑らかな手触りで印象に残るようにした。「経営を進化させる」というコピーで初見のインパクトを狙った。また、封筒の開封ジップはボールをカップインするギミックになっているほか、中身もボールの形状を採用し、コンバージョンにいたるUXを意識して構成。全体のトーンもゴルフが紳士のスポーツであることを前提に品位を持った体裁を心がけた。

DMのクリエイティブにこだわり、斬新なデザインでメリットが分かりやすかったこともあり、受け取ったゴルフ場からは高評価を得た。電話営業の担当者からも会話のきっかけになった、訪問のアポイントメント取得率も高くなったという。

審査委員講評

1：未導入顧客、2：キャディ制顧客、3：他社利用顧客、と顧客セグメンテーションをきちんと行い、それぞれに合ったメッセージを届けるとBtoBでも訴求力が高くなる、という基本に忠実な優良施策です。やはり基本は重要ですね。　佐藤義典

• DM診断 •

ここが秀逸!

サービス未導入のゴルフ場に向けて、導入を訴求するDM。サービスの知識が少ないところや他社を使っているところなどターゲットをいくつかセグメントし、それぞれに切り口を変えて訴求した。反応率は16%と良好で、戦略は比較的シンプルだがうまく機能している。

マスクケースを同封したDMで対面できない顧客との関係構築を図る

顧客に寄り添うマスクケースDMが営業メールを再起

トッパンフォームズの皆さん

» 広告主　トッパンフォームズ 関西事業部営業2-1-1グループ
» 制作者　トッパンフォームズ 関西企画グループ

staff　Adv 岩政 篤紀、田原 香織、灰川 昌子、藤田 明久、諸岡 加奈、今村 優希、佐藤 百合香、石原 康大、宮園 裕之　Dir 田代 良太郎　Pl 大當 由香里　CD 柴田 咲子　AD 五十嵐 和人　D 西谷 圭太、赤塚 武史、田保 ひろみ、下田 歩　Pr 永山 大輔　Co 山本 豊

POINT
営業担当者10名の似顔絵アバターを作成し、担当顧客向けのDMの表紙に掲載。

POINT
コロナ禍で共に闘う気持ちと、日頃の感謝を表現したギフトとして、オリジナルマスクケースを同封。

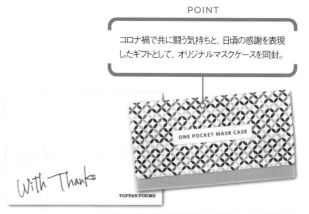

目的	エンゲージメント実現とメールマーケティング成果向上
DMの役割	主に継続顧客化
発送数	150通
効果	レスポンス率13.3%、ROI137.1%
他媒体との連携	MAツール、メール、Web動画、デジタルギフト

【戦略性・クリエイティブ・実施効果】

ギミックとコンテンツで日頃の感謝を表現

トッパンフォームズは、コロナ禍による対面営業機会の減少を受けてMAによる法人メールキャンペーンを実施。しかし、回を重ねるごとにクリック率が低下し、顧客との関係構築手段を再検討する必要性を感じDM施策を採用した。

対面できない顧客に担当者を思い出してもらい、信頼関係を構築することを主目的に、メールマーケティングの再起にも期待した。

DMにはコロナ禍で共に闘おうという気持ちと、日頃の感謝を表現したギフトとしてオリジナルのマスクケースを同封。営業担当者10名の似顔絵アバターを作成し、担当顧客向けのDMの表紙に掲載した。DM内に記載される二次元コードから視聴できるマスクケースの説明動画でも担当者アバターが登場する仕様とした。動画を最後まで視聴するとコーヒーチケットをプレゼントする仕組みも用意。多様なギミックとコンテンツで顧客に喜んでもらうことを目指した。

DM単体での効果はレスポンス率13.3%、ROI137.1%だったが、DM発送後のメール施策ではエンゲージメントの向上が認められ、総額200万円以上の売上に貢献。社内では対面営業で構築した顧客との関係、定期的なメールコミュニケーション、リアルDMでのエンゲージメント醸成、窓口開拓のサイクルが機能し、DMがマーケティング施策効果を底上げしたと評価された。

審査委員講評

コロナ禍で、顧客への対人接点が減ったことによる対応として、迅速に考えられた点は評価に値すると思います。営業担当10名のそれぞれのアバターで送ったことも、顧客に寄り添っているということが伝わって効果的だったと思います。　秋山具義

・DM診断・

ここが秀逸!

コロナ禍で対人営業ができない代わりに、取引先の顧客維持策としてDMを活用した。様々なオファーを付けて対人営業ができない部分をカバーしつつ、営業担当者の似顔絵を載せることで、取引先として思い出してもらえるように工夫している。

左から、
Nanoの朝倉幸子氏、三道泰博氏

まるで飛び出す絵本！
思わずシェアしたくなる年賀状DM

逃げる、隠れる、何かある！
秘密のチーズ工房年賀状

» 広告主　Nano
» 制作者　Nano

staff　D 朝倉 幸子　C 三道 泰博

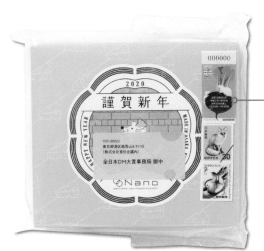

POINT
郵便物としてポストに入るサイズ
に納め、お年玉切手を使用。

POINT
蓋を開けると隠れてしまう、
アクセス難易度が高いQR
コード。

POINT
干支であるネズミをモチーフにし、飛び出す絵本の
ようなからくりを仕込んだ箱型の年賀状を制作。

目的	顧客とのコミュニケーション、ブランディング
DMの役割	主に継続顧客化
発送数	120通
効果	レスポンス数50
他媒体との連携	自社特設サイト

戦略性・クリエイティブ・実施効果

年賀状をコミュニケーションツールに凝った仕掛けで狙い通り拡散

　広告デザインなどを手がけるNanoは、年賀状をコミュニケーションツールとして重視している。2020年もクライアントや外注先を対象に、年始の挨拶として「穴からネズミが顔を覗かせるチーズ箱年賀状」を発送した。

　制作のポイントとなったのは、郵便物としてポストに入ること、お年玉切手の使用と干支であるネズミを使うこと。箱型のDMを開くとチーズ工房が表現されており、飛び出す絵本のように内部のさまざまな箇所を開閉するとネズミが逃げたり、メッセージが現れたりするからくりを仕掛けた。

　おまけのコンテンツとして、箱の中に記載されている二次元コードから引くことができる「ねずくじ」も用意。箱に隠れるネズミは自作で個体差が生まれるようにしたほか、ねずくじも10種類制作。これらの動作テストも繰り返し行ったという。企業のロゴを隠したチーズ型付箋も同封し、驚きと楽しさを演出するこだわりを詰め込み、受け取った人が社内外で共有したくなるように仕掛けた。

　年賀状は120通発送し、受け取った人からは「さすが」の声も寄せられた。狙い通り、年賀状をきっかけに社内の話題になったり、Nanoという企業の存在を拡散させることにもつながり、新規案件の受注や取引先の紹介にもつながった。

審査委員講評

今年の応募作品では数少ない、DMというフィジカルな媒体だからこそ楽しめる仕掛けが盛り込まれた作品です。受け取った方々を楽しませ、驚かせるというホスピタリティが溢れ出ていました。　山口義宏

・ DM診断 ・

ここが秀逸！

デザインが非常にかわいらしい。QRコードからくじにアクセスできる仕掛けは、どの企業も年賀状でよく行うものだが、手を掛ければその分反応が得られやすく、成果につながりやすいと言える。

《 日本郵便特別賞 》

特定の領域について、突出して優れた作品を顕彰する特別賞です。
「戦略性」「クリエイティブ」「実施効果」の3軸の総合評価とは別に、
企業規模や用途にかかわらず、キラリと光る魅力を持つDMにスポットを当てるものです。

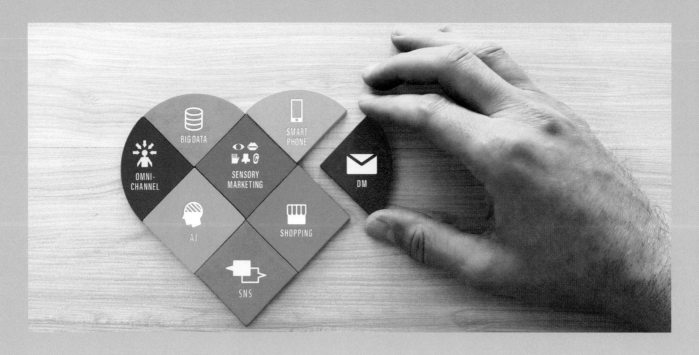

♛ アテンション部門
素材、デザインなどにおいて、
従来とは異なるものを用いてチャレンジし、顧客の注目を集めたもの。

♛ アピール部門
自社の商品などをDMにうまく活用し、
デザインと共に受け手の記憶に強い印象を残したもの。

♛ エンゲージメント部門
顧客に向けて、企業・ブランドからの感謝の気持ちをDMにしたためることで、
これまで以上に深い絆を築くことができたもの。

♛ サプライズ部門
顧客に予想しなかった驚きやうれしさをもたらしたDMで、
開封後はさらなるエンゲージメントへとつながったもの。

♛ ブランディング部門
自社の商品やブランドの世界観をDMにおいて余すところなく表現。
その商品・ブランドに対する顧客の気持ちや期待感を高めたもの。

入選作品(二次審査を通過したもの)を選考対象としています。

DM AWARD 2021

日本郵便
特別賞
SPECIAL
PRIZE

アテンション
部門

水に濡れてもふやけない紙?!
商品のスゴさが体感できるDM

ミライへの玉手箱
（LIMEX版・環境配慮ボックス）

≫ 広告主　三進社
≫ 制作者　三進社

staff　Dir 室 雄一　Pr 国定 満　AD 寺嶋 寛

POINT

実際に体験してもらえるよう実物を
送付。活用シーンも明確にした。

まずは、
水に
濡らして
みてください。

サステナブルな抗菌素材をそのままDMに

　印刷会社の三進社は、未来の世代に向けた取り組みとして、紙やプラスチックの代わりに使える石灰石でできた新素材シート「LIMEX」を扱っている。新規顧客の獲得を目的としたDMでも、この新素材を活用した。

　その耐久性や耐水性を実際に体験してもらうべく、封筒を開くと「まずは、水に濡らしてみてください。」のコピーが目に飛び込んでくる仕様にした。

　水や森林資源をほとんど使用しない新素材の特性や、抗菌加工済みで感染症対策にも適していることを訴求し、ポスターやメニュー表など、具体的な活用シーンの説明や工場見学の案内も同封した。

　送付先のクライアントからは、多くの問合せとともに、「環境に配慮した取り組みに役立った」、「新しい素材で新事業を起こせる」などの反響が得られた。狙い通り新規受注にもつながったほか、顧客からの要望によって、LIMEXを使った新しい商材づくりに着手するきっかけにもなった。

目的	主に新規顧客の獲得
DMの役割	新規顧客獲得のため、商品の特徴を紹介
発送数	2000通
他媒体との連動	レスポンス率1.60%
ターゲット	クライアント（印刷会社、企画・制作）

審査委員講評

メールなどのデジタルでは伝わらない、"触れる"ということが、DMでは最も効果的なことの一つだと思いますので、その点の成果はあったのではないかと思います。　秋山具義

アピール部門

いつまでも飾っておきたくなる
繊細で美しい「折花アート」
自社展開の折花（おりはな）PR用年末、年始カード

三谷 基氏

» 広告主　エーアンドイー
» 制作者　エーアンドイー

staff　Adv／PL／D／C／Ph 三谷 基

目的	主に認知拡大
DMの役割	自社製品のPR
発送数	400通
効果	講習会などへの参加
他媒体との連動	ホームページ
ターゲット	仕事関係者

POINT

DMが多い年末年始の時期でも目を引く保存性の高いクリエイティブ。

捨てられないDMを目指し、印象に残るデザインに

エーアンドイーは、自社製品の「折花」をPRするため、取引先にクリスマスカード兼年始挨拶のカード型DMを送付した。年末年始に数多くDMが届く中で埋もれることなく、捨てられない記憶に残るデザインにしたいと考えた。

一枚の紙を切って折ることで作られる折花は、エッセンシャルオイルの香りを楽しむためのディフューザーとして10年前に生まれた。DMでは折花の持つ、デザイン、アート、文化の3つの世界観を分かりえることにこだわった。

さらに、Webサイト「orihana.com」と連動させたことで、折花の詳細な説明や販売促進につなげることができたほか、講習会などへの参加にもつながった。同社はこれまでも、年に1度クリスマスカードなどを通じて、折花のPRをしてきた。「凝ったデザインでキレイ」と評判がよく、中には専用のファイルで、10年、20年と保存して楽しんでくれる人もいるという。

審査委員講評

とてもシンプルではありますが、商品である折花を同封するという、これ以上のアピール方法はないのではないでしょうか。年末年始の挨拶用として、毎年2週間、通常の仕事を止めて制作するという、ある意味DMの枠を超えた作品は、思いが伝わることでしょう。

小池信也

手書きレターに動画をプラス
感謝の意とチームの成長を印象づけたDM
会社設立3周年ご挨拶状

左から、ベースシーの松本和幸氏、
前田学氏、上松正人氏、川崎圭氏

エンゲージメント
部門

》 広告主　ベースシー
》 制作者　ベースシー

staff　C 川崎 圭　Web 松本 和幸　D 前田 学　Movie 上松 正人

POINT

手書きレターと、QR コードを経由した
サンクス動画で、感謝の思いを伝えた。

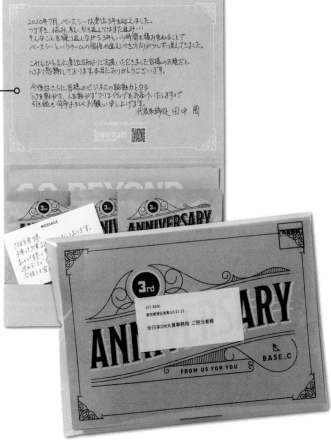

目的	主に顧客継続化（顧客コミニュケーション）
DMの役割	顧客に会社設立3周年と感謝の意を伝える
発送数	350 通
効果	レスポンス率12.86%
他媒体との連動	動画（YouTube）
ターゲット	クライアントや協力会社

動画表現との連動が功を奏し、動画制作の依頼にも結びつく

　制作会社のベースシーは、クライアントや協力会社に、会社設立3周年の感謝を伝える挨拶状DMを送付。チームが3年間でどのように成長したかを知って、驚き、喜んでもらいたいという思いを込め、またコロナ禍という今までにない状況の中で、新たなコミュニケーションが生まれるきっかけにしたいと、「つい返信したくなる挨拶状」になることを目指した。

　DMに入れたのは、少ない封入物でも、目的がしっかりと伝わる構成を考え抜いた手書きメッセージと、オリジナルパッケージのコーヒーのドリップパック。さらに、QRコードからは、YouTubeにアップしたメンバー総出演のサンクス動画が視聴できる仕掛けに。ライブ感あるメンバーの表情やチームの一体感を伝えることにも成功した。

　その結果、送付先から3周年を祝うメッセージとともに、今まで知らなかった同チームの一面を知れたという声が多数届いた。動画表現をつけたことで、新たな動画制作の依頼にもつながった。

審査委員講評

設立3周年を迎えられた感謝をこめて、メンバー一人ひとりの写真とともに、手書きのメッセージを添えており、まさに「お手紙」として人の心に届ける好事例と思いました。QRコードで繋がる動画まで、メディアを超えて総合的にデザインされていました。　小池信也

日本郵便
特別賞
SPECIAL
PRIZE

サプライズ部門

上位顧客の継続率と
購入金額UPを実現

レスポンス率59%！
購買額に応じた2種の誕生日DM

左から、フュージョンの東海達徳氏、
いなげやの重田明範氏

» 広告主　いなげや
» 制作者　フュージョン

staff　Adv 重田 明範　AE 東海 達徳

POINT

バースデーカードで「特別感」を演出。割引クーポンで来店を誘引した。

日頃の感謝と末長いお付き合いができる関係性を目指し、来店・購入を促進

　いなげやは、お客様への日頃の感謝を丁寧に伝え、継続率と購入金額アップを目指し、直接手元に届くことで温かみを感じていただけるバースデーカードDMを送付した。

　直近6ヶ月の購入金額で分類し、一般顧客には、ハガキの両面に誕生日メッセージを、上位顧客には、封書に氏名を印字した厚みのあるカードを入れて、特別感を演出。一般：100円と上位：500円の特別割引クーポンをつけた。

　その結果、購入金額が同じ条件のDM未

送付グループと比べ、送付後6ヶ月で、1人あたり平均3347円の購入額アップに成功。また、DMにコールセンターの電話番号を印刷していたことで、「スーパーからの誕生日カードは初めてで驚いた。とても嬉しい（50代）」「独居なので店員さんと親しく話ができて感謝している（70代）」などの電話をもらえた。コールセンターに寄せられた多種多様な意見は、今後の判断や改善の参考にもなっている。

目的	主に顧客継続化/来店促進
DMの役割	上位顧客へのバースデープレゼント
発送数	12万1064 通
効果	レスポンス率59.39%
ターゲット	直近6ヶ月で一定金額以上の購入がある会員

審査委員講評

誕生日DMという定番施策ですが、ターゲットを明確にし、ロイヤルユーザーと一般ユーザーでインセンティブを分けて、コスト効率をしっかりと考えられている点が素晴らしいと思いました。　　　　　　藤原尚也

DM AWARD 2021
日本郵便
特別賞
SPECIAL
PRIZE

ブランディング
部門

紙でありながら保存性の高いカレンダーで
企業ブランディングにも成功
一年間効くDM
希望と感謝の「アートカレンダー」

アトリエ崇藝庵の戸田勝氏

》広告主　アトリエ崇藝庵
》制作者　アトリエ崇藝庵

staff　AD 戸田 勝　D 戸田 勝、倉重 心一　C 戸田 勝、戸田 雅子

POINT

実用性のあるカレンダー形式にすることで、
1年間手元に置いてもらう狙い。

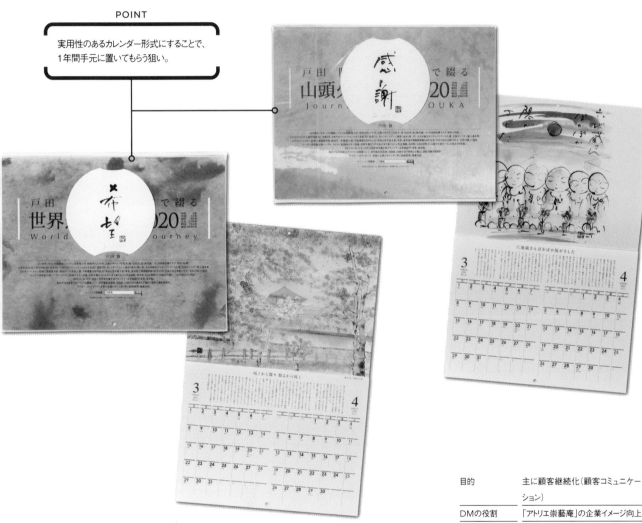

目的	主に顧客継続化（顧客コミュニケーション）
DMの役割	「アトリエ崇藝庵」の企業イメージ向上
発送数	350通
効果	レスポンス率91.43%
ターゲット	絵画を購入した顧客、絵画に興味を持つ顧客

「物ではなく幸せを売る」メッセージを運ぶアートカレンダー

　アトリエ崇藝庵は、絵画購入の顧客に向け、1年間の感謝の意を込めたDMを送付した。

　まず考えたのは、手元に残る実用性の高いDMにすること。また、ギャラリーの基本理念である「物を売るのではなく幸せを売る」というメッセージを効果的に伝えるために、世界遺産と自由律俳人・種田山頭火の作品の両方を楽しめる、両面デザインのアートカレンダー形式のDMを制作した。

　レターには、世界遺産と種田山頭火をイメージした絵画とともに、混沌とした世の中にあって、少しでも心の安らぎになればという思いを文章で表現。世界にたった1枚の手作り円形ポストカードも添え、親近性を追求した。

　DM送付後は、顧客からお礼のハガキやメールを通じて、「1年間楽しみます」、「毎年欲しい」、「ポストカードは使うのがもったいない」などの声が寄せられ、手作りの円形ポストカードの評価も高かった。

審査委員講評

上質紙に絵画作品を載せたカレンダーを送るという贅沢さ、大胆さに驚かされました。加えて、タイプは全く異なるものの、実は共通性のある2つのテーマの絵画を好みで選べるようにしており、お客さまの気持ちに寄り添っているのがよく伝わってきました。　小池信也

《 入 選 》

一次、二次審査を通過し、最終審査まで進んだものの、惜しくも入賞を逃した入選9作品を紹介します。

2020年12月に実施した最終審査会の様子

「上位客に1スタンプおまけ」で狙いどおりの来店UP

目標勾配効果ありコロナに勝つドーン!!
えこひいきDM

» 広告主　味一番
» 制作者　味一番

　大衆食堂の味一番は、コロナ禍の売上ダウンに見舞われる中、新業態のテイクアウトを強化すべく、常連顧客にスタンプカード形式のDMを送付。その際、上位顧客にはあらかじめスタンプを1つ押した状態で送付することで、目標ポイントに差をつけた。クリエイティブは、「コロナに勝つドーン!」のコピーで、従来通りの「かつ丼」をビジュアルに、一目で同店からのDMと分かるようにした。ハガキを受け取った顧客の37.6%が目標（3スタンプ）まで到達する好結果となった。

大切なペットの感染症予防を「動くしっぽ」で案内

2020予防パック

» 広告主　イオンペット
» 制作者　アイ・エヌ・ジー

　イオンペットは、大切な家族であるペットの蚊やノミ、ダニなどによる感染症予防の大切さを訴えた複数種類のDMを発送した。目的は、病気への予防実施率の向上。6種類の封筒にはそれぞれ「しっぽ」をつけ、ペットらしい可愛らしさを表現。来院時、シャンプーやカットなどに使えるクーポン券も同封した。自社Webサイトには専用ページを設け、DMにつけたQRコードからも誘導するしくみも導入。「予防の時期になると届くため、忘れずに済む」と好評を得ている。新型コロナ感染症対応としていつもよりも対応期間を延長。混雑期間を避けて、密を分散してのご来院を誘引できた。

切る、破るなどの手作業を加えた「1点もの」の招待状

シャコンヌあたたかいもの展vol.4
告知DM

》広告主　chaconnee（シャコンヌ）
》制作者　スズキモダン

　セレクトショップのシャコンヌは、数人の作家の作品を販売する企画「あたたかいもの展」の招待状DMを上位客に送付した。

作家それぞれが持つ世界観を、それぞれに合った形と紙質で表現。シャコンヌの名を冠した厚紙は、デザイナーが手で破ることで「1点もの」に。柔らかな質感の紙をミシンで縫って作られた封筒は、服飾の雰囲気を感じさせた。来店促進につながり、来店客からは、「絶対に行こうと思った」などの声が寄せられた。

DMとデジタルの連携で情報提供の手段を獲得

3Dアートを用いた
新製品案内郵送DM

》広告主　大日本住友製薬
》制作者　ネクスウェイ

　大日本住友製薬は、精神科医師に新製品を訴求するDMを送付した。開封を促すため、一目で信書とわかるデザインの封筒を使用し、目に留める仕掛けとして、トリック3Dアートで医薬品の効用を表現。案内には、製品情報のWebページに誘導するQRコードを記載した。Webを訪れると配送履歴とマッチングが行われ、今後の情報提供に役立てる仕組みだ。コロナ禍により、医療機関への訪問が厳しく制限される中で有用な施策となった。

今からでも受験に間に合う! 親身の説明で問合せ増

コロナ禍の受験生不安に
情報と安心を訴求した高3DM

≫ 広告主　東京個別指導学院
≫ 制作者　ローグクリエイティブ

東京個別指導学院は、コロナ禍で受験に不安を抱える高校3年生に向けDMを送付。効率的に対策をすれば、遅れた勉強を挽回できること、同塾では生徒の志望校や学習状況に合わせて最新の受験情報を提供できること、オンライン授業やAI教材も

あり、通塾の際は徹底した衛生管理を行っていることも説明した。序盤の反響は大きくなかったが、夏以降、受験勉強を本格化させたい高3生から昨年を大きく上回る問い合わせがあった。

搭乗時以外のブランド価値も伝わってくるDM

JALが恋人・夫婦を応援!
ミモザの花束DM

≫ 広告主　日本航空
≫ 制作者　フュージョン

JALは国際女性デー「ミモザの日」に合わせ、男性が女性にメッセージを贈るキャンペーンを実施した。メルマガから応募した人の中から、抽選で700名にDMを送付。クラフト系の紙でメッセージカードを作成し、男性が同封のリボンを自分で結ぶことで花束になるようにした。旅行が当選するキャンペーンだが、旅行に行かない場合でも、顧客にこのカードでJALを思い出してもらう狙い。「より大切な人に感謝を伝える良いきっかけになった」との声をもらった。

▲メッセージカード

赤封筒に新ロゴの黒牛　インパクト大のオープン告知DM

養老ミートカラフルタウン店
オープン告知DM

》広告主　飛騨牛養老ミート販売
》制作者　Peace Graphics

　飛騨牛養老ミート販売の新店舗オープンを告知する
DM。養老ミートの「養」という字を分解すると、美しい山
の良い食と読める。案内状では、これを飛び出す絵本の
形式で表現し、飾っておきたくなるDMを目指した。赤い
封筒には、養老ミートの新ロゴ、牛の全身の迫力あるイラ
ストに、飛騨牛を連想させる「飛騨」の文字を盛り込んだ
ものを印刷。店舗オープン時には、地元新聞にも取り上げ
られ、想定以上の来客数に結びついた。

自社バリューを最大限に表現したデザインDM

PEACS DESIGN WORKS

》広告主　ピークス
》制作者　ピークス

　コンテンツスタジオのPEACSによる、エディトリアルデザイ
ン業務の案件拡大を狙ったDM。内容は同社の質の高いエディ
トリアルデザインやDTP、校閲を訴求し、また紙のコンテンツ
から映像やWebコンテンツへの展開力をアピールするもの。ト
レーシングペーパーなどを用いて同社の長い歴史やデザインメソ
ッドの積み重ねを表現するなど、デザイン上の工夫も盛り込み、
自社バリューを
最大限に表現し
た。「デザイン力
の高さが伝わっ
てきた」などの
高評価を得た。

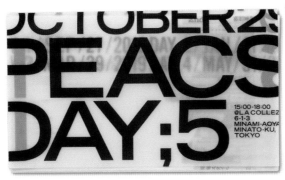

「1枚だけ届くかるた」で商談のきっかけづくり

「ニュースかるた年賀状」で紙からWebへ誘導に成功

» 広告主　フュージョン
» 制作者　フュージョン

　フュージョンが顧客に送った年賀状DM。2020年のニュースを先取りしたかるた45枚を作成し、そのうち1枚を送ることで、年始挨拶の際、どれが届いたかを切り口に会話を進める狙い。さらに、かるた台紙の裏面に全種を載せることでもっと見たい気持ちを促し、Webへ誘導。1セットプレゼントのオファーで応募ページへ遷移させる仕組みにした。同社はオリジナル年賀状DMを2009年から続けており、ファンを増やしている。

第35回全日本DM大賞の贈賞式、初のオンライン開催

2021年3月5日、第35回全日本DM大賞の贈賞式が開催されました。2020年度は、新型コロナウイルス感染拡大防止の観点から、オンラインにて贈賞式を開催。当日はライブで配信しました。受賞者の皆さまにもオンラインで参加していただき、同賞初となる試みとなりました。

効果を高めるDMのための企画・制作チェックリスト

「全日本DM大賞」審査会では、審査委員をうならせる作品が多く集まった一方で「惜しい」と評されるものも少なくありませんでした。戦略性やクリエイティブなアイデアと細部への気配りのバランスこそが重要で、その上でストーリーの一貫性が優れているものが上位にランクインしたと言えそうです。審査委員の声から4つのポイントを挙げました。

☑ 伝えたいことは明確ですか?

DMはテレビや新聞などのイメージ広告とは違い、明確な目的のもとで行うものです。ところが、来店を促したいのか、Webサイト経由で注文を取りたいのか、資料請求につなげたいのかなど、「何をしてほしいか」が伝わりにくいDMが少なくありません。複雑な仕掛けを施したDMほどその傾向が見られます。行動を起こさせることがDMの目的。電話番号を記載するだけでなく、「電話ください」と入れないと明確には伝わりません。アイキャッチからオファーへの動線はスムーズか、再度チェックしましょう。

☑ 情報を盛り込みすぎていませんか?

お得な情報が詰まったDMは、興味のある生活者にとっては嬉しい半面、受け手にとって負担にもなります。また、情報を盛り込みすぎると本当に読んでほしいオファー部分に到達しないかもしれません。情報量が適切かどうか、ぜひ見直してみることをお勧めします。例えばDMでのメッセージはシンプルなものにとどめ、詳しく知りたい人にはWebサイトに誘導するという方法もあるでしょう。また、読ませるストーリーづくりやデザインを整理するなど工夫次第で、同じ情報量でもすっきり見せることもできます。

☑ 細部に気を配っていますか?

DMは「手に取らせる」ことで受け手に驚きや喜びを与えることができる広告媒体です。封書やメール便などを使って送り手から受け手へ届けられ、「贈り物感」「特別感」を演出することができます。もっとも、「特別」だからこそ、細部のちょっとした配慮が欠けていると、そればかりが目に付いてしまうことにもなりかねません。プレミアム感を出したい場合は封筒の手触りや印刷にも気を配るべきでしょう。また、使用する写真や送付状のメッセージなど細部に工夫を重ねることで、送り手の思いがより伝わるものです。

☑ コピーは練られていますか?

DMの成否を占うのはクリエイティブにとどまらず、ターゲット分析から事後のフォロー、クロスメディア展開などさまざまな要因があります。とはいえ、コアとなるのはDMそのもの。しっかり読ませるコピーワークが欠かせません。DMのコピーはマス広告のコピーとは異なります。行動を促す言葉、具体的なメリットをどう効果的に出していくかが重要。一方、送り状のメッセージなどは、温もりが感じられる手紙のような文章が効くでしょう。デザイナーとコピーライターがタッグを組んでこそ、効果的なクリエイティブが生まれます。

最終審査会レポート

コロナ禍で
リアルに会えないなか
DMの活用機会が増加

第35回全日本DM大賞は、コロナ禍でリアルに会える機会が激減するなか、
DMの活用にも変化が見られた。
BtoB領域での活用の増加や、デジタルコンテンツへの誘導など、新たな可能性も見えてきた。
審査会での議論を振り返るとともに、今後のDMに期待することを聞いた。

インサイトを的確に突くDMで
高い成果を実現

恩藏：今年はコロナ禍の影響か、戦略やクリエイティブも含めて控えめな作品が多く、審査員のみなさんが絶賛するような革新的な作品には出会えませんでした。ただその一方で、今回のグランプリに輝いたリクルートマーケティングパートナーズのように、BtoBでDMを活用する事例が多く見られ、新しい動きが感じられました。DM大賞でかつてここまでBtoBの話題が出たことはなかったように思います。この流れが来年に続くのかは分かりませんが、コロナ禍で世界全体が低迷しているなか、新しい時代のDMの可能性が見えつつあると感じました。

> BtoBでDMを活用する事例が
> 多く見られ、
> 新しい動きが感じられた。
>
> 恩藏 直人

木村：コロナ禍で、特にBtoBの会社は営業が新規開拓をしたくてもお客様に直接会えない状況があります。そんななか、リクルートはDMをうまく使い、人事担当者のサプライズとインサイトを突きました。特に、かつお節はクリエイティブとして見ても人を引きつけるユーモアがありますが、メッセージとしても「研修費を削減しながら高いパフォーマンスを出す」というポイントを人事担当者にしっかり伝えており、こうした点が前回比で資料請求率40倍という高い成果につながったのではと感じます。

山口：そうですね。ソリューションがもたらす便益を入口にして、予算を削るという関心の広いインサイトを刺すといったように、だんだんと興味を引き付ける流れがきれいに設計されていて、戦略性を感じました。

椎名：1社に対して約5000円という大きなコストをかけ、2信構成にしたということで、かなり勇気が必要だったと思います。法人向けサービスなので成果さえ上がればすぐに回収できますが、知力や体力、そしてコス

トをかければきちんと結果につながるということも含めて評価したいですね。

佐藤：同じく人事担当者をターゲットとした金賞のビズリーチは、人材会社ならではのDMで多くのリーチを獲得できた点がすばらしいと思いました。コロナ禍で訪問できない代わりにフォローコールもしっかり行い、ユニークなアイスブレイクで到達率を上げた点もすごい。新しい世界を切り拓いたと感じます。

藤原：履歴書というクリエイティブの中に自分たちの強みをうまく書いてあって、よく考えられていますよね。新しい案件を受注したいという強い思いが伝わってきました。

佐藤：リクルートに比べてクリエイティブに派手さはありませんが、無料診断というCall To Actionがしっかりと考えられているところも評価したいですね。流れが分かりやすいですし、営業がフォローコールを行う際にも「無料診断をしませんか」という一言が言えるので、やりやすくなります。

クリエイティブは地味でも
堅実な施策が成果を出している

椎名：同じく金賞の東京個別指導学院は、昨年のDM大賞でもグランプリを獲得していますが、昨年は既存塾生をターゲットとしていたのに対し、今年は過去に通っていた塾生の引き戻しと、異なる課題にアプローチしています。課題とやりたいことがきちんと結びついていますし、成果も上がっているんですよね。

山口：昨年もそうでしたが、メタファーをきれいにはめて共感を得て、書き込みさせることで関与度を上げるつくりがうまいですね。コロナ禍による通学機会の減少や受験情報の不足という受験生の不安インサイトに対して、危機感を煽るのではなく、1対1の心の絆を想起させる糸電話というクリエイティブで、受験生に寄り添ったところも良かったです。

加藤：金賞および審査員特別賞実施効果部門に選ばれたケイシイシイは、「パスポート」というコンセプトをベースに「スイーツの旅」というテーマで全体をとても丁寧に設計しており、秀逸だと感じました。

藤原：LTVもしっかりと意識されていますよね。ターゲットと目的が明確化できていることが効果を出せた理由なのではと思います。継続利用の特典も明確で分かりやすく、

シーズンによってDMの種類を変えているところも工夫されているなと感じました。

佐藤：年間プログラムをしっかり考えるなど、やるべきことが徹底されていて、CRMのお手本のような事例ですよね。「パスポート」というコンセプトで、顧客自身に優良顧客であると認識させられているところも良いですね。

木村：戦略がしっかりしているという点では、銅賞のソフトバンクも良くできていると思いました。クリエイティブは地味ですが、金額をしっかりと記載することで、お得感と使い忘れの回避を強力に促し、新しいサービスへの心理的なハードルをDMならではの方法で打ち破っています。

藤原：初めて使う人に向けて、使い方を丁寧に説明しているところも工夫されています。

山口：一度使い始めれば解約の防止につながってLTVが上がるというロジックに気づいて、戦略としてきちんと手を打っているというところがソフトバンクの強さですよね。DMという手段も適切で、うまいなと思いました。

> コロナ禍でユーザーを
> サブスクに移行させることが
> 戦略的に重要性を増している。
>
> 山口 義宏

佐藤：CRMをきちんと実施し、効果を出しているという点では、銀賞の力の源ホールディングスも非常に良かったです。

藤原：コロナ禍で店舗に足を運べなくなっているお客さんに対して、あえてDMを選ぶことでうまく訴求していますよね。お客さんは家にいて、DMを見る確率も高いわけですから。アプリという身近なデバイスツールを活用することで、利用のハードルを低くできていることも良いと思いました。

木村：紙のポイントカードでプレミアムメンバーだった人はスタート時点ですでにほかの顧客と差がついている、という仕組みもうまいですね。もらった人は嬉しいだろうなと思います。ロイヤルユーザーがもうワンランク上のロイヤルユーザーになりたいと思う気持ち

を叶えてあげるという面でも、素敵だなと思いました。

加藤：コロナ禍で一番苦しんでいるのは飲食店なので、その中で会員のランクアップ制度を取り入れてアプリにし、顧客に情報を一斉にプッシュできるという仕組みをつくり上げたこと自体に、ドラマがありますよね。

コロナ禍へのすばやい対応が顧客の心をつかむ

徳力：：コロナ禍ならではのDMもありました。銅賞を受賞したアングルは、コロナ禍になって間もない3〜5月という時期に、既存顧客に向けてマスクを送付しています。マスクが品薄だったこのタイミングに受け取った人は絶対に感謝するでしょうし、合計5000枚ものマスクを調達して送るのもすごいと思いました。

秋山：2600通ほど発送しているのですが、すべて手書きの手紙を添えているのもすごいですよね。

受け手の行動原理を捉えて
一歩深いインサイトを突く
DMが多くあった。
木村 健太郎

木村：お得なものとはまた違ったアプローチで、相手が本当に喜ぶものを、汗をかきながら用意して送ることで感謝され、長期的なエンゲージに見事につなげています。

佐藤：アングルは、みんなが落ち込んで絆を欲しているタイミングで絆をつくりにいったという行動を評価したいですね。同じく銅賞の研文社は、DMとともにマスクケースを送付しています。コロナ禍だからマスクやマスクケースをプレゼントするという発想は少々ずるいようにも思われますが、研文社はあわせて自社の抗菌技術を訴求するという戦略で整合性があり、単なるギブアウェイではないんですよね。

秋山：自社の印刷技術をコロナ禍に結び付けて現物として送ったところはアイデアですよ

ね。実際に商談のきっかけにもなっています。トッパンフォームズも同じくマスクケースを送付して銅賞を受賞していますが、営業担当10名のアバターをつくり、それを動画にして、最後まで視聴するとデジタルギフトのコーヒーチケットをプレゼントするという仕組みで、かなり凝っているなと思いました。この仕組みを対人営業の代わりとして迅速に考案された点は、評価に値しますね。

木村：単にマスクケースを送付するだけでなく、きちんと戦略が立てられているという点が良かったですね。

椎名：コロナ禍によって例年と対応を変えたという点では、銀賞の東京電機大学もすばらしかったです。例年はDMを使ってオープンキャンパスの集客をしていましたが、今年はコロナ禍でリアル開催ができなくなった代わりに、YouTube上でバーチャルのオープンキャンパスを開催し、その集客にDMを活用しました。今までのやり方をガラッと変えたうえに、バーチャルの場での体験に誘導するためにDMを使うという非常に新しい挑戦を行っています。

山口：リアルで人を集められなくなったときにも、きちんと発想を転換してやっているところがすばらしいですよね。

佐藤：それもあってかトンマナも数年ぶりに変えていますし、YouTubeも単なる入学案内ではなく、しっかりとコンテンツ化できています。発想が非常におもしろいと感じました。

明石：トンマナは変わりましたが、今年も引き続き、DMが大学のブランディングに一役買っていますよね。

YouTubeなどに誘導し、
お客様との関係構築を深める
立体的な構造のDM設計に期待。
加藤 公一 レオ

加藤：コロナ禍で営業がままならないなか、DMの有用性を訴求した銅賞のガリバーも良かったです。ストーリーがまるで絵本のように分かりやすく、とてもきれいにまとまっ

ていて、説得力がありました。僕自身もいち消費者および経営者としてこのDMを閲覧し、DMを使ってみよう、見積りしてみようと本気で思ったほどです。同じようにコロナ禍で苦しんでいる経営者がこのDMを読んだら、やってみようと思うのではないでしょうか。

小池：DMのためのDMというところが純粋におもしろいですし、うまいと思いましたね。

可変部分のデザインは、
今まで意外と注目されて
こなかった部分だった。
秋山 具義

秋山：僕もストーリーが分かりやすくて良いと思いました。効果がしっかり出ている点も評価できます。

木村：同じくBtoBの営業開拓でうまいなと思ったのは、銀賞のスギタプリディアです。内定者がどの会社に入社しようか迷っているときに、その会社の名刺があると、入社後のイメージが広がって心が動きますよね。内定者の本質的なインサイトを突いたすばらしい体験型DMの提案だと思います。

徳力：届いたらドキッとしますし、内定者は感動しますよね。

椎名：銅賞を受賞したJPメディアダイレクトの、「レターパック」のサブスクもおもしろいですよね。商品そのものをDMとして活用することで、直感的な理解と高い訴求を実現しています。「サブスク大賞優秀賞」を受賞したというきっかけをストーリーに組み込んで利用している点も上手です。成果も、獲得件数で見れば一見インパクトがないように思えるかもしれませんが、BtoBなので売上は非常に大きくなっています。

明石：現物を使っているのでインパクトもありますし、決裁者や周囲に回覧もされやすいと感じました。

データの活用や分析でターゲティング精度が向上

山口：データ活用という面では、銅賞および

審査員特別賞データドリブン部門を受賞したビジョナリーホールディングスがすばらしかったです。コロナ禍でユーザーをサブスクに移行させることが戦略的に重要性を増すなか、サブスクに入っていない人に対して使い切る日を尋ね、使い切るタイミングに合わせてDMを送付しました。戦略が本当にすばらしく、まさに王道のデータドリブンと言えます。

佐藤：使い切る日は店舗オペレーションで尋ねているんですよね。店舗を巻き込んでいる点もすごく良いと思いました。

> コロナ禍で、
> 企業の姿勢や絆が重視された
> 点が良かった。
>
> 明石 智子

明石：接客時の会話を通して、コンタクトに対する悩みや使用シーン、興味などに合わせてDMをパーソナライズしている点も良いですよね。スタッフに権限を委譲することで、モチベーションアップにもつながっていると考えられます。接客とデータを連動した展開には、今後も期待したいところです。

徳力：銀賞の日本ロレアルも、データを非常に有効に活用していました。楽天市場の膨大な顧客データを使って自社商品を購入す

る可能性が高い人をピックアップし、ターゲットを絞ってDMを送付。その結果、インセンティブがなくても高い成果が得られています。つまり、バーゲンばかりを狙う顧客ではなく、本質的な見込み顧客をしっかり抽出して訴求できたということなのだと思います。

山口：戦略性が非常に高いですよね。インセンティブについては、インセンティブを付けた場合と付けなかった場合でテストを行って結果を比較しているわけですが、通常はインセンティブを付けようとするところを、こういったターゲティングの仕方であればインセンティブの有無が成果に影響しないということに学びがありました。

恩藏：顧客データを楽天が提供しているというところに大きな意義があると感じます。楽天と同じように大きな会員データベースを持っているほかの企業も、同様のレベルのことができるようになってきているということですからね。

> BtoCでは優良顧客に向けたDMが
> 全体的に多く、
> DMの使い方の変化を実感。
>
> 藤原 尚也

藤原：テストも含めてチャレンジしたという意味では、銅賞のオムロンヘルスケアもおも

しろいと思いました。先にメールを送ってからDMを送ったものは、効果が半減したという衝撃の結果でしたね。

椎名：先にメールを見てしまうと、DMで受け取っても「またか」という感じで、あまり驚きがないのでしょうね。

恩藏：これは僕も別のところでテストしたことがありますが、ほぼ似たような結果でした。順番効果は、明らかにDMが先である場合の方が高いようですね。

佐藤：同じく銅賞を受賞したテクノクラフトも、自社のサービスが未導入のゴルフ場に向けて、導入していない理由のデータをもとにセグメンテーションし、DMを出し分けたところが良かったですね。基本に忠実な優良施策です。

明石：手触りも不思議で、すぐに開けたくなる気持ちを喚起します。きちんとつくり込まれていますよね。

こだわり抜いたクリエイティブで DMならではのブランディングを実現

秋山：クリエイティブで最も驚いたのは、銀賞のPVHジャパン（トミー ヒルフィガー）です。通常のDMでは、保有ポイントやポイントの有効期限といった可変部分は用意したベースにあとから印刷していくので、デザイン的に浮いてしまうことが多いのですが、フォントの選び方やデザインがとても自然で違和感がありませんでした。技術的に難しいことではないと思うのですが、今まで意外と注目されてこなかった部分だと感じます。

山口：一目見ただけで「トミー ヒルフィガー」だと分かるように、配慮が行き届いています。

DMを送付する目的も絞られていますし、情報もシンプルで分かりやすいと感じます。手書きのオペレーションをデジタル化したことで、生産性と同時に、DMが生み出す価値も上がったという点は、ビジネスとしても非常に評価できますね。

佐藤：きちんと効果測定している点もすばらしいですよね。戦略性が高いと思います。

徳力：銀賞および審査員特別賞クリエイティブ部門を受賞したシャコンヌは、素材も中身もこだわり抜いていることが伝わってきました。このDMを受け取った常連の方が感動されたということも容易に想像できます。

椎名：テクスチャーがあるということやクリエイティブアイデアがとてもユニークで、DMならではと言えるDMですね。

山口：クリエイティブがおもしろいという点では、銅賞のNanoもそうですね。DMだからこそ楽しめる仕掛けが盛り込まれていて、受け取った方々を楽しませたり驚かせたりするというホスピタリティが感じられました。

秋山：大企業だけでなく、こういった小さな企業にも、もっとDMの活用が広がればいいですよね。

加藤：銀賞に輝いた籠清も、地域の企業としてDMを活用して成果を上げました。過去に店舗を訪れたお客さんに情報をもらってデータベース化し、DMを送っているという姿勢もすばらしいですし、クリエイティブのレベルも高いということに感動しました。

山口：スペースを大きく使って掲載した実物大に近いおでんも、不思議なシズル感があって良かったです。通数を前回の半分にして制作に予算をかけ、140%の売上を上げたという判断もすばらしいと思いました。

椎名：コロナ禍で観光客が減少し、苦しい状態だったということも背景としてあるのでしょうね。まさにタイムリーな話題ですし、

体系的にも評価したいと感じました。

木村：銅賞のアミューズメントメディア総合学院は、マンガの連載というアイデアが良かったです。連載だと、ついつい読んでしまいますからね。

秋山：6回の連載というのがすごいですし、新しいですよね。マンガに絞った点も、おもしろいと思いました。

明石：入学すればこんな漫画が描けるんだとイメージを膨らませられるところも良いですよね。入学の意思を高めることに成功しています。

徳力：銀賞の高島屋は、DMの新しい使い方だと思いました。事前に電話をかけてからDMを送ることで、絶対に見てもらうのだという覚悟を感じましたね。

明石：高島屋がシンボルとしているバラや扉などのモチーフに誘われて読み進めていける展開からは、お客様にショッピングを楽しみ、明るい気持ちになってもらいたいという企業姿勢が感じられました。つくりも丁寧で良かったと思います。

藤原：銅賞の関西テレビハッズも通信販売の購入促進にDMを用いていて、クーポンをスクラッチで削るなど、ショッピングを楽しめるような工夫がされています。ターゲットを明確にして事前に特典を送り、買い物をするモチベーションを高めることで、番組内のレスポンス率の向上につなげています。また、クリエイティブについても、ターゲットに分かりやすいフォントを用いてつくられている点が良いと思いました。

BtoB領域を含め
コロナ禍でDMが果たす役割に期待

木村：今年はコロナ禍もあって、例年に比べるとマーケティング予算が少なく、チャ

レンジしているDMもあまりありませんでした。ここ数年はDM業界で起こっているイノベーションのテーマがなんとなく発信できていたと思うのですが、今年はそれがあまりない辛い年でしたね。ただ一方で、リクルートマーケティングパートナーズのように、受け手の行動原理を捉えて一歩深いインサイトを突くDMが多くありました。人間の無意識的な行動に対する深い理解と、独自の洞察力が決め手になっていたような気がします。

明石：今年はコロナ禍ということもあり、企業の姿勢や絆が重視された点は良かったと感じました。新たなチャレンジにも期待していましたが、それは来年を待ちたいと思います。DMの基本や定型はどの企業もきちんとできてきていると感じるので、その先にどう抜きん出ていくかが楽しみです。非対面でも読み手の懐に入っていきやすいDMの活用により、一人ひとりのブランド醸成につながる事例に期待します。

秋山：コロナ禍で対面営業ができなくなったことで、使い方に工夫が見られるDMが多く見られるかと思いましたが、思ったより少なかったのが残念でした。この状況はしばらく続くと思うので、来年に期待したいですね。

加藤：コロナ禍に対応したDMのバリエーションが少なかったことは残念に感じました。ただ、コロナ禍が今後もある程度は続いていくと考えると、今までリアルで営業していた人たちがやるべきことは、まず見込み客を集めてできることならサブスク化し、長期的に関係構築をしていける仕組みをつくること。そういった意味で、DMは今後ますます重要な役割を担っていくと考えています。一方で、DMで伝えられる情報にはどうしても限りがあるので、今後はその補完としてYouTubeやLINE、チャットなどに誘導し、さらにお客さまとの関係構築を深めていけるような立体的な構造で設計されているDMに期待したいと思います。

佐藤：今年は、グランプリと金賞の1作品がBtoBでの営業フォローの役割を果たすDMでした。コロナ禍でBtoBの営業は、直接お客さまに会えないという辛い立場に立たされていますが、DMでリアルの補完をするという新しい道が見えたような気がします。派手な変化ではありませんが、僕はおもしろい可能性が見えてきたと感じました。

またこの数年で、効果測定をきちんと行い、PDCAを回すことが普通になってきたと感じます。複数媒体の連動も当たり前になり、組み合わせを変更しながらの検証実験も行われるなど、審査員にとっても参考になる事例がありました。

> **BtoBの事例がこれほど増えたことに、コロナ禍の影響を感じた。**
> 椎名 昌彦

椎名：一つひとつのDMは小粒で地味だという印象でしたが、それよりもBtoBの事例がこれほど増えたということに、コロナ禍の影響を感じました。今の状況でできることはDMであるということが露わになったという点に、学びがあったのではないでしょうか。

現在のDMのトレンドはターゲットや訴求内容の最適化の精度を上げるためのデータ活用が進んでいますが、クリエイティブの質とのバランスが取れたものが少ない印象です。今後、顧客の意識の把握やインサ

イトの深化までできるようになることで自ずとクリエイティブのレベルも向上し、1通1通のDMのパワーが飛躍的に伸びていくのではないかと期待しています。

徳力：個人的に、コロナ禍に対応したDM施策で応募するには時間的に厳しかったのかなと感じているので、コロナ禍に対応して施策を変更していこうという姿勢が垣間見えたことを、むしろポジティブに捉えています。たとえばシャコンヌのDMは、本来であれば電話でもいいはずですが、DMだからこそ温かみを届けることができ、コロナ禍でも来店にもつながって、DMの新たな可能性を見せてくれました。従来のリアルのポップアップストアに新規見込み客を集めることが厳しくなったときに、DMを経由して集めるという可能性も見えたのではないかと思います。

藤原：BtoCのDMにおいては、全体的に優良顧客に向けたDMが多かったことと、あえてDMでデジタルに誘導するなど、DMの使い方に変化が見られたことを実感しています。コロナ禍は来年も継続すると思われるので、データをどう扱ってターゲットを明確化し、コストインパクトを抑えて、クロスマーケティングを実現するかという一連の流れのさらなる発展に期待したいと思います。

山口：今年はBtoBにおけるDMの伸びしろを感じることができました。BtoBは基本的に商品やサービスの単価が高く、SaaSであ

ればLTVも高くなるため、BtoCよりもはるかに獲得コストがかけられます。そのため、非常に凝ったクリエイティブのDMを広範囲に送付するということが成り立つかもしれません。今はテレビCMと営業をどう連動して獲得のパフォーマンスを高めるかということに意識が行っている人が多いと感じますが、DMを賢く使いこなすことで、その間をつなぐ役割を果たせる可能性があると考えています。

> **セグメンテーションなどDMを設計する際の背景の重要性を改めて感じた。**
> 小池 信也

小池：私は今年初めて審査会に参加しましたが、DMそのものの感触や、セグメンテーションなどDMを設計する際の背景になる部分が非常に大事だと改めて感じました。こういった理解を進めることで、どのようにDMの利用を広げていけるかが、これからの課題ですね。

（敬称略）

審査委員紹介 （順不同・敬称略）

最終審査委員

明石 智子
電通ダイレクトマーケティング
執行役員

コミュニケーションが希薄になりがちな環境下で、入口の扉を開く、あるいは、その先のデジタルへ行動を導くといった橋渡しの役割でDMが活用されていました。今年は応援メッセージなど企業の想いが込められていた事例も多い印象です。直接キーパーソンに届くBtoBでの活用が見直されていましたが、営業員の代わりとして、心を動かし商機につなげるだけでなく、ブランディングにも有効なクリエイティブ表現に期待します。

審査委員長

恩藏 直人
早稲田大学 商学学術院 教授

これまでの入賞作品を見ると、BtoC作品が多かったように思いますが、今回は優れたBtoB作品が目立ちました。コロナ禍によって、私たちの日々の生活は大きく変化しました。同時に、働き方や教育の在り方も様変わりしているようです。そうした変化にDMも対応しつつあるように感じます。コロナ禍を経験することにより、新しい時代における進化したDM作品が生まれてくることを期待したいと思います。

秋山 具義
デイリーフレッシュ
代表取締役
クリエイティブディレクター
アートディレクター

今回は、コロナ禍という状況でDMがどのように進化していくのかを楽しみにしていましたが、そこまで新しい発想のものがなかったことは残念です。来年以降はそのあたりも考えられたDMが生まれていくことを期待しています。

加藤 公一 レオ
売れるネット広告社
代表取締役社長 CEO

コロナでお客様との対面が減った今年のDMは、お客様との関係構築に重点を置いたDMが多かったように思います。しかも、単純な売込みのハガキのDMはほとんどなく、ギミックや設計がとても上手い「仕組み化」されたあらゆるDMに感動しました！コロナのせいで世の中はリモート・Zoom・ネットなど異常なほどデジタル化が進んだ。デジタル疲れをするコロナ禍だからこそ、そこらへんの無機質なデジタルCRMがマネできないような、アナログをさらにフルに生かした作品を次回も楽しみにしております！

木村 健太郎
博報堂ケトル
ファウンダー／取締役
エグゼクティブ クリエイティブディレクター

今年は、データや刷り分け技術などのテクノロジーイノベーションや、斬新なDMの活用方法の発明といったエポックは見当たらなかった年でした。しかしだからこそ、受け取る側の行動原理をしっかり発見して、その人を動かすツボとなるインサイトを明確に捉えて作られたDMが受賞しています。一歩深い人間洞察がDMの効果に直結することを改めて確認しました。

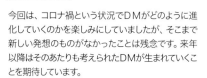

佐藤 義典
ストラテジー＆タクティクス
代表取締役社長

コロナ下で「対面する」という営業活動が大きく制約を受けました。その影響もあってか、今回はBtoBのDMが非常に目立ったのが印象的です。「リアル」で「会う」ことが信頼醸成において大きな役割を果たしますが、オンライン会議などではあたたかみなどの「雰囲気」が伝わりにくいと言われます。DMは「リモート」ながら「リアル」感を届けられるため、BtoBでも活躍できる媒体であることが検証された年でした。

椎名 昌彦
日本ダイレクトメール協会
専務理事

今年は様々な形でコロナの影響を見ることができました。マスク関連のDMを始め、「対人営業の代替で」「Web上のイベントの集客のため」「店舗販売が低調なので通販で」といった戦略や背景も含めてコロナ対応DMが多かったようです。今までも進行してきたターゲットの絞込みやWebとの連動などのトレンドが、結果として一気に加速されるとともに、1通ごとの訴求力のパワーアップを感じることができました。

徳力 基彦
アジャイルメディア・ネットワーク
アンバサダー／ブロガー

2020年は新型コロナウイルスによる緊急事態宣言や三密回避の影響もあり、DMという肌触りのあるコミュニケーションツールの可能性があらためて見直される年になったと感じています。
特にDMを接客の延長と位置づけて活用するという店舗の事例が、いくつも見られたことに個人的には可能性を感じました。おそらく来年のDM大賞では、さらに積極的にDMの位置づけを変えてくる取り組みが増えるのではないかと楽しみにしています。

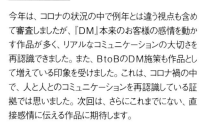

藤原 尚也
アクティブ合同会社
CEO

今年は、コロナの状況の中で例年とは違う視点も含めて審査しましたが、『DM』本来のお客様の感情を動かす作品が多く、リアルなコミュニケーションの大切さを再認識できました。また、BtoBのDM施策も作品として増えている印象を受けました。これは、コロナ禍の中で、人と人とのコミュニケーションを再認識している証拠では思いました。次回は、さらにこれまでにない、直接感情に伝える作品に期待します。

山口 義宏
インサイトフォース
代表取締役社長

2020年の作品の印象は、よくいえば効果検証を経て洗練されてきた王道パターンのDMが増えた印象です。なかにはコロナ環境のなかで、単なる販促売り込みではなく、人との絆を思い起こさせる心温まるコミュニケーションも一部で見受けられました。来年以降への期待は、DMとデジタルのテクノロジー活用の新しい発想です。その新しい掛け算発想があれば、まだまだDMの活用が進む余地はあると思います。

小池 信也
日本郵便
執行役員郵便・物流事業企画部長

コロナ禍においても、挨拶状などストレートなメッセージや独自性に工夫を凝らした内容などそれぞれのDMに効果があること、またDMの背景にある顧客データ分析や戦略シナリオが大切だということを改めて認識しました。受け取り手の心を動かすDMが多く生まれるよう、広告主や制作者の皆さまには、今後も有効な宣伝・販促活動の手段として、DMの活用をより深めていただけることをご期待申し上げます。

二次審査委員

岩野 秀仁
マーケティングコンサルタント

コロナ禍前後でDMの使われ方の変化として、店頭への集客や送客目的のDMが減少した一方で、DMを使って対話を増やし、売り上げを確保しようとする企業が増えた気がします。またBtoB企業において既存の営業活動に制限があった中、新規ビジネス獲得のための新たにDMにチャレンジする企業からの応募が増えました。来年、社会環境が変わらなければこの傾向が続くと思います。

岡本 幸憲
グーフ
代表取締役
C.E.O.

丁寧な企画とクリエイティブで、フィジカルなDMの本質を理解し活用した作品に特に感銘を受けました。パーソナライズも大事ですが、DMを活用したコミュニケーションの目的は「共感」です。"データドリブン"への動きが活発だったここ数年ですが、基礎を大切にした施策が今このタイミングで高い評価を受けた事実は、DMのポテンシャルをさらに高める良い機会だったと思います。

奥谷 孝司
オイシックス・ラ・大地
執行役員
Chief Omni-Channel Officer

コロナ禍における紙を活用したコミュニケーションを考え、実行することは、正直大変であったと思います。そのような中、受賞作品には懸命にお客様の気持ちに寄り添う、丁寧なコミュニケーションを垣間見ることができ、審査会では心暖まることが多かったです。一方でこれはすごい！という新しいコミュニケーションは少なかったように思います。いずれにしても、これからもDMでのコミュニケーションは丁寧に、そして熱く！です。デジタルも活用して、お客様の心を動かし続けていきましょう。来年も楽しみにしております。

河中 裕哉
ADKマーケティング・ソリューションズ
ダイレクトビジネスセンター
統合プランニングユニット
データクリエイティブラボ クリエイティブ・ディレクター

この選考の賞に選ばれることも、クライアントや社内での評価も、一つの功績だと思います。が、それよりも何よりも、DMを受け取ったお客様一人ひとりの心に何が残せたのか、こそが、施策の真価だと思います。どんなアイデアも努力も、そのためにある。たまには、戦略度外視・手間度外視で考えてみるのもいいのかも。そう感じさせてくれる作品がいくつかあり、嬉しかったです。

中井 孔美子
トッパンフォームズ
企画販促統括本部 企画本部
CX制作部 調査分析グループ／
マネージャー

今年は時節柄、全体的にクリエイティブがおとなしめでしたが、その分企画・戦略が練られた作品が多数ありました。デジタル化が進んだから今だからこそ見える、リアルな媒体「DM」の価値が感じられた審査会でした。DMは企業から生活者に送る「お手紙」です。リアルだからこそできる「想い」のつまった作品が今後も増えていくことを期待しています。

早川 剛司
東京個別指導学院
マーケティング部／部長

今回の応募作品では、コロナ禍前後でのDMの役割に変化があった印象です。イベントや集客目的での派手さのある応募作品が減る一方で、「今」という時間におかれた顧客インサイトにまで理解し、丁寧にコミュニケーション設計された作品。また一見手間のかかるBtoBでの営業ツールとしても活用好事例が見られました。時代は変化しても、お届けする相手を理解し、誠実な表現で心動かされた作品に、今年もたくさん出会えました。

吉川 景博
フュージョン
エグゼクティブマーケティングディレクター

今年はコロナ禍ならではの作品も目立ちました。こんな時だからこそ、顧客とのエンゲージメントが大事。今こそテクニックではない顧客の気持ちに寄り添った訴求が重要です。行動データを活用したパーソナルDMが増える中、クリエイティブがもう一つと感じました。次回は、デジタルとフィジカルを融合したコミュニケーションの丁寧さと、より一層クリエイティブセンスを磨いた作品に期待します。

米村 俊明
電通ダイレクトマーケティング
執行役員
コンサルティングオフィス室長

前例のない変革期の中で、来店誘致やイベント招待状の応募が激減する一方、通販・BtoBやブランディング志向の作品の増加が印象的でした。受賞作品は丁寧に作り込まれた表現と実施効果に優れており、コロナ禍を感じさせない作品でした。今後、在宅率の増加や非接触社会の普遍化、DXがさらに進展する中で、あらたなDMの可能性を示す作品の台頭に期待しています。

堀口 浩司
日本郵便
郵便・物流営業部部長

コロナ禍の状況にもかかわらず多くの応募をいただき、ありがとうございました。Web会議などのデジタルによるやり取りが益々増える中で、紙ならではの受け取り手の気持ちに寄り添い人の心を動かすリアルのDMに私自身も多くの刺激をいただきました。今後、DMそのものに留まらず、顧客目線で創意工夫の凝らされた「ストーリー」を多数拝見できることを楽しみにしております。

人を動かすパワーのあるDMを募集します

実際に発送されたDMを募集し、優れた作品と、その広告主・制作者を表彰する「全日本DM大賞」。
本賞は、あなたの企画したDMが客観的に評価される絶好のチャンスでもあります。
過去の受賞者からは、「自分のプロジェクトが社内で重要視されるようになった」
「DM施策が進めやすくなった」といった声もよく聞かれます。あなたもぜひ応募してみませんか。
ここでは全日本DM大賞の応募時に寄せられるご質問をまとめましたので参考にしてください。

Q 応募資格はありますか?

実際に発送されたDMの広告主、制作者であればどなたでも応募できます。複数点数の応募も可能です。なおシリーズもの、同一キャンペーンものは合わせて1点とします。

応募時は、作品1件ごとに応募フォームより必要事項を記入します。

Q 審査ではどんな点を評価しているのですか?

審査の対象は、DM作品は外封筒、同封物などすべてになります。

参考資料を添付いただいての応募も可能です。例えばDMと連動したキャンペーンサイトのプリントアウト、動画を収めたDVD、新聞広告の実物またはコピーなどを添付することができます。なお公平な審査を行うため、参考資料内に所属企業や個人名が特定できるロゴや名前の表記があった場合は審査対象外になりますのでご注意ください。

審査の過程は、一次審査(応募フォーム記載情報に基づく審査)、二次審査(二次審査委員によるスコアリング)を経て、最終審査で最終審査委員によるスコアリング、協議および投票により入賞作品を決定します。

スコアリングは、応募されたDMおよび応募フォーム記載情報に基づき、「戦略性」「クリエイティブ」「実施効果」の3項目について各審査委員が5段階で評価しています。

Q 応募料、出品料など、費用が発生することはありますか?

応募、受賞について、応募料、出品料などの費用が発生することはありません。作品をお送りいただく郵送料のみ、ご負担いただきます。

Q 郵便以外のメール便で発送しているDMも応募可能ですか?

信書に該当するものが含まれていないなどの場合は可能です。以前の入賞作品にも実績があります。

Q レスポンス率など、応募時に記入が必須の項目について、具体的な数値を書くことはできないのですが、どうすればいいですか?

必須項目は、わかる範囲で構いませんので、ご記入ください。レスポンス率など指定された項目について記入できない場合も、他の定量的効果や定性的効果などをできる限り記載してください。

なお応募フォームの記載内容は無断で公表いたしません。必須項目は審査の重要なポイントになりますので、できるだけ具体的にご記入ください。公表する場合は、事前に確認させていただきます。

Q 賞金はありますか?

賞金はありませんが、上位入賞作品は、そのDMの広告主、制作者とともに、書籍などでご紹介いたしますので、広くパブリシティできるメリットがあります。また贈賞式、贈賞パーティーへのご招待などもございます。

> 次回の全日本DM大賞の詳細については、2021年夏頃より順次発表していく予定です。詳細は全日本DM大賞の公式サイト https://www.dm-award.jp/ などをご覧ください。応募・審査の方法については、変更になる可能性もあります。

第 3 部

ヒト・モノが動く！効果の上がるDMの秘訣

DMメディア 実態調査2020（抜粋）

日々発送されるさまざまなDMを生活者はどのように受け取っているのか。
日本ダイレクトメール協会が実施した調査データを基に、DM の種類や閲覧状況、
生活者がDMに持つ印象や行動に与える影響などについて読み解く。

「DMメディア接触状況・効果測定に関する調査」

調査期間	2020年 12月4日～9日（事前調査） 12月9日～25日（本調査）
調査対象	関東エリアの20～59歳男女
調査方法	インターネットリサーチ
有効回答数	14835サンプル（事前調査）、 200サンプル（本調査）
調査機関	マクロミル
（一社）日本ダイレクトメール協会 実施	

DATA 1
1週間の DM受け取り通数（自宅合計）

受け取り通数は平均7通

「5通未満」が最も多く52%。平均受け取り通数は7.0数で昨年より微増となった。内訳を見ると、既婚・子どもありでやや多く、平均7.3通。世帯年収別では、年収900万円以上のH層で平均9.6通と特に多かった。

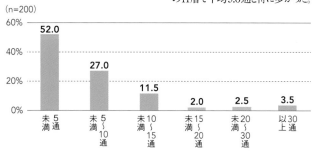

(n=200)

未満5通	未満5～10通	未満10～15通	未満15～20通	未満20～30通	以上30通
52.0	27.0	11.5	2.0	2.5	3.5

DATA 2
DMの宛先

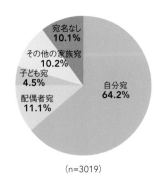

宛名なし 10.1%
その他の家族宛 10.2%
子ども宛 4.5%
配偶者宛 11.1%
自分宛 64.2%

(n=3019)

最も多いのは「自分宛」

世帯で受け取ったDMの宛先は、「自分宛」が最も多く64%。「配偶者宛」が11%、「その他の家族宛」が10%を占める。

DATA 3
自分宛の DM閲読状況

男性は6割、女性は7割がDMを読んでいる

自分宛のDMの閲読率は、男性より女性の方が約1割多かった。世代別だと男性は20代が、女性は30代が目立って高く、それぞれ88.7%、86.6%になっている。逆に男性は30代が43.3%と低い結果となった。未既婚子供有無別では、既婚子供あり層が子供なし層の約1.7倍閲読しており、差が大きい。世帯年収別では、年収900万円以上のH層が84.9%最も多く、世帯年収が上がるほど閲読率が増加する傾向が見られた。

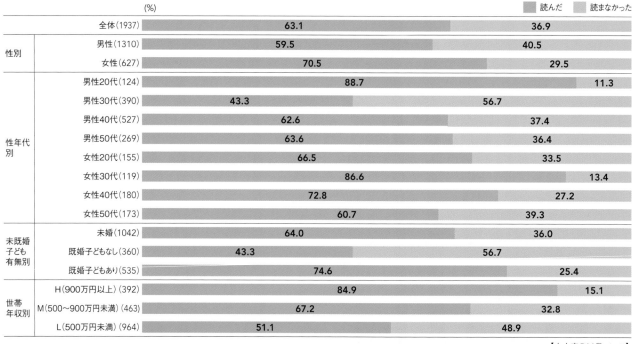

(%)　　　　　　　　　　　　　　　　　　　　　　　■ 読んだ　■ 読まなかった

		読んだ	読まなかった
	全体 (1937)	63.1	36.9
性別	男性 (1310)	59.5	40.5
	女性 (627)	70.5	29.5
性年代別	男性20代 (124)	88.7	11.3
	男性30代 (390)	43.3	56.7
	男性40代 (527)	62.6	37.4
	男性50代 (269)	63.6	36.4
	女性20代 (155)	66.5	33.5
	女性30代 (119)	86.6	13.4
	女性40代 (180)	72.8	27.2
	女性50代 (173)	60.7	39.3
未既婚子ども有無別	未婚 (1042)	64.0	36.0
	既婚子どもなし (360)	43.3	56.7
	既婚子どもあり (535)	74.6	25.4
世帯年収別	H (900万円以上) (392)	84.9	15.1
	M (500～900万円未満) (463)	67.2	32.8
	L (500万円未満) (964)	51.1	48.9

【本人宛DM数ベース】

DATA 4

DMとEメールの閲読状況

DMでは「ほとんど開封して目を通す」が52%で最も多く、Eメール・メルマガは「タイトルを見て読むかどうか決める」が42%で最も多い。性年代別では、女性20代で、DMを「ほとんど開封して目を通す」割合が61.9%と高い傾向がある。世帯年収別では、500～900万円のM層でEメール・メルマガの「タイトルを見て読むかどうか決める」が58%を占め目立って多かった。

◆ ダイレクトメール ◆
(%)

		ほとんど開封して目を通す	封筒やはがき、Eメールのタイトルを見て読むかどうか決める	差出人や企業名を見て読むかどうか決める	ほとんど開封せずに捨てる、削除する
	全体(200)	52.0	23.0	19.0	6.0
性別	男性(102)	48.0	20.6	22.5	8.8
	女性(98)	56.1	25.5	15.3	3.1
性年代別	男性20代(16)	37.5	25.0	25.0	12.5
	男性30代(30)	60.0	20.0	10.0	10.0
	男性40代(25)	52.0	28.0	20.0	
	男性50代(31)	38.7	12.9	35.5	12.9
	女性20代(21)	61.9	19.0	14.3	4.8
	女性30代(25)	52.0	32.0	12.0	4.0
	女性40代(32)	56.3	31.3	12.5	
	女性50代(20)	55.0	15.0	25.0	5.0
未既婚子ども有無別	未婚(96)	51.0	24.0	20.8	4.2
	既婚子どもなし(26)	46.2	30.8	23.1	
	既婚子どもあり(78)	55.1	19.2	15.4	10.3
世帯年収別	H(900万円以上)(47)	57.4	17.0	17.0	8.5
	M(500～900万円未満)(62)	51.6	19.4	21.0	8.1
	L(500万円未満)(71)	47.9	26.8	21.1	4.2

【全体ベース】

◆ Eメール・メルマガ ◆
(%)

		ほとんど開封して目を通す	封筒やはがき、Eメールのタイトルを見て読むかどうか決める	差出人や企業名を見て読むかどうか決める	ほとんど開封せずに捨てる、削除する
	全体(200)	23.0	42.0	22.5	12.5
性別	男性(102)	24.5	39.2	23.5	12.7
	女性(98)	21.4	44.9	21.4	12.2
性年代別	男性20代(16)	12.5	56.3	18.8	12.5
	男性30代(30)	33.3	33.3	20.0	13.3
	男性40代(25)	28.0	40.0	16.0	16.0
	男性50代(31)	19.4	35.5	35.5	9.7
	女性20代(21)	19.0	38.1	38.1	4.8
	女性30代(25)	32.0	36.0	24.0	8.0
	女性40代(32)	15.6	56.3	12.5	15.6
	女性50代(20)	20.0	45.0	15.0	20.0
未既婚子ども有無別	未婚(96)	24.0	45.8	21.9	8.3
	既婚子どもなし(26)	19.2	42.3	23.1	15.4
	既婚子どもあり(78)	23.1	37.2	23.1	16.7
世帯年収別	H(900万円以上)(47)	25.5	27.7	25.5	21.3
	M(500～900万円未満)(62)	14.5	58.1	21.0	6.5
	L(500万円未満)(71)	29.6	36.6	21.1	12.7

【全体ベース】

■ ほとんど開封して目を通す　■ 封筒やはがき、Eメールのタイトルを見て読むかどうか決める　■ 差出人や企業名を見て読むかどうか決める　■ ほとんど開封せずに捨てる、削除する

DATA 5

開封・閲読するDM情報内容

購入・利用経験「あり」の企業・団体からのDMの開封・閲読率は95%で、購入・利用経験「なし」をやや上回る。購入・利用経験「なし」の企業・団体からのDMで開封・閲読するのは、「クーポンの案内・プレゼント」「特売・セールス・キャンペーンの案内」が高い。一方、購入・利用経験「あり」が「なし」を10ポイント以上上回ったのは、「イベントの案内」「カタログや情報誌の送付」「保険などの更新・見直しの案内」などだった。

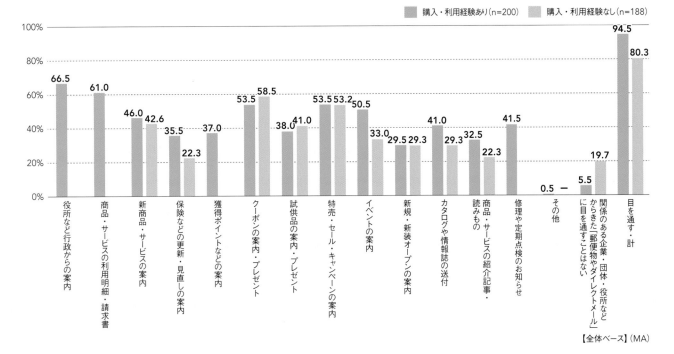

■ 購入・利用経験あり(n=200)　■ 購入・利用経験なし(n=188)

役所など行政からの案内: 66.5 / —
商品・サービスの利用明細・請求書: 61.0 / —
新商品・サービスの案内: 46.0 / 42.6
保険などの更新・見直しの案内: 35.5 / 22.3
獲得ポイントなどの案内: 37.0 / —
クーポンの案内・プレゼント: 53.5 / 58.5
試供品の案内・プレゼント: 38.0 / 41.0
特売・セール・キャンペーンの案内: 53.5 / 53.2
イベントの案内: 50.5 / 33.0
新規・新装オープンの案内: 29.5 / 29.3
カタログや情報誌の送付: 41.0 / 29.3
商品・サービスの紹介記事・読みもの: 32.5 / 22.3
修理や定期点検のお知らせ: 41.5 / —
その他: 0.5 / —
関係のある企業・団体・役所などからきた「郵便物やダイレクトメール」に目を通すことはない: 5.5 / 19.7
目を通す・計: 94.5 / 80.3

【全体ベース】(MA)

実数も閲読状況も、「はがき（圧着含む）」の割合が最も高い

DATA 6

DMのタイプ・形態
（自宅合計）

DMのタイプ・形態は「はがき（圧着含む）」が27.6%でボリュームゾーン。「封書（Ａ４サイズ未満）」が17.9%で続く。閲読状況別でも「はがき（圧着含む）」が見られている。差出人の業種別では、「衣料品・ア

クセサリー・時計関係」「メガネ・コンタクトレンズ」「美容院・エステティック関連」「保険関連」で「はがき（圧着含む）」が4割を超えている。

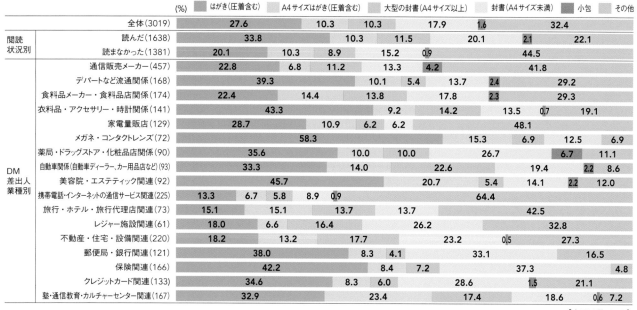

(%)	はがき（圧着含む）	A4サイズはがき（圧着含む）	大型の封書（A4サイズ以上）	封書（A4サイズ未満）	小包	その他
全体（3019）	27.6	10.3	10.3	17.9	1.6	32.4
閲読状況別 読んだ（1638）	33.8	10.3	11.5	20.1	2.1	22.1
読まなかった（1381）	20.1	10.3	8.9	15.2	0.9	44.5
通信販売メーカー（457）	22.8	6.8	11.2	13.3	4.2	41.8
デパートなど流通関係（168）	39.3	10.1	5.4	13.7	2.4	29.2
食料品メーカー・食料品店関係（174）	22.4	14.4	13.8	17.8	2.3	29.3
衣料品・アクセサリー・時計関係（141）	43.3	9.2	14.2	13.5	0.7	19.1
家電量販店（129）	28.7	10.9	6.2	6.2		48.1
メガネ・コンタクトレンズ（72）	58.3		15.3	6.9	12.5	6.9
薬局・ドラッグストア・化粧品店関係（90）	35.6	10.0	10.0	26.7	6.7	11.1
自動車関係（自動車ディーラー、カー用品店など）（93）	33.3	14.0	22.6	19.4	2.2	8.6
美容院・エステティック関連（92）	45.7	20.7	5.4	14.1	2.2	12.0
携帯電話・インターネットの通信サービス関連（225）	13.3	6.7	5.8	8.9	0.9	64.4
旅行・ホテル・旅行代理店関連（73）	15.1	15.1	13.7	13.7		42.5
レジャー施設関連（61）	18.0	6.6	16.4	26.2		32.8
不動産・住宅・設備関連（220）	18.2	13.2	17.7	23.2	0.5	27.3
郵便局・銀行関連（121）	38.0	8.3	4.1	33.1		16.5
保険関連（166）	42.2	8.4	7.2	37.3		4.8
クレジットカード関連（133）	34.6	8.3	6.0	28.6	1.5	21.1
塾・通信教育・カルチャーセンター関連（167）	32.9	23.4	17.4	18.6	0.6	7.2

※閲読状況別、DM差出人業種別

【全DM数ベース】

希望するのはクーポンや特売・プレゼント情報

DATA 7

DMに希望する
情報内容

DMに希望する情報内容として挙げられたのは、「クーポンの案内・プレゼント」（53.5％）、「特売・セール・キャンペーンの案内」（46％）、「試供品の案内・プレゼント」（44％）など。実際に開封・閲覧する情報内容

（棒グラフ）と比較すると、「商品・サービスの利用明細・請求書」「イベントの案内」「カタログや情報誌の送付」などで希望する内容との開きが大きい。

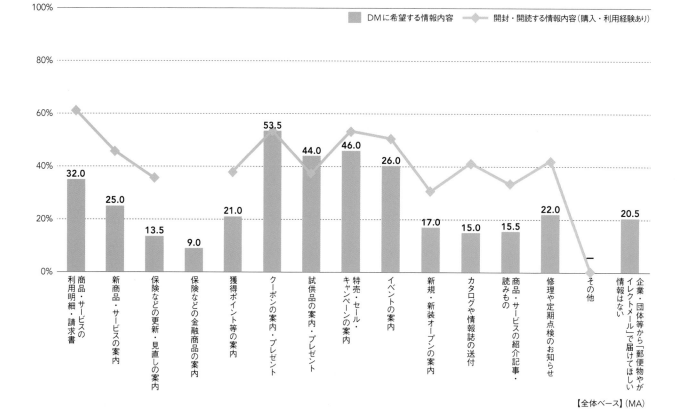

凡例：■ DMに希望する情報内容　—◆— 開封・開読する情報内容（購入・利用経験あり）

項目	値
商品・サービスの利用明細・請求書	32.0
新商品・サービスの案内	25.0
保険などの更新・見直しの案内	13.5
保険などの金融商品の案内	9.0
獲得ポイント等の案内	21.0
クーポンの案内・プレゼント	53.5
試供品の案内・プレゼント	44.0
特売・セール・キャンペーンの案内	46.0
イベントの案内	26.0
新規・新装オープンの案内	17.0
カタログや情報誌の送付	15.0
読みもの商品・サービスの紹介記事	15.5
修理や定期点検のお知らせ	22.0
その他	—
企業・団体等から「郵便物やイレクトメール」で届けてほしい情報はない	20.5

【全体ベース】（MA）

**自分宛の
DM閲読後の行動**

行動喚起率は15% 具体的な行動は「インターネットで調べた」

自分宛のDM閲読後に何らかの行動を起こした割合は15%。具体的には「インターネットで調べた」（6.7%）、「家族・友人・知人などとの話題にした」（3.9%）などだった。年代別では男女とも20代の「行動あり・計」の割合が高く、全体平均の2倍、約3割にのぼった。

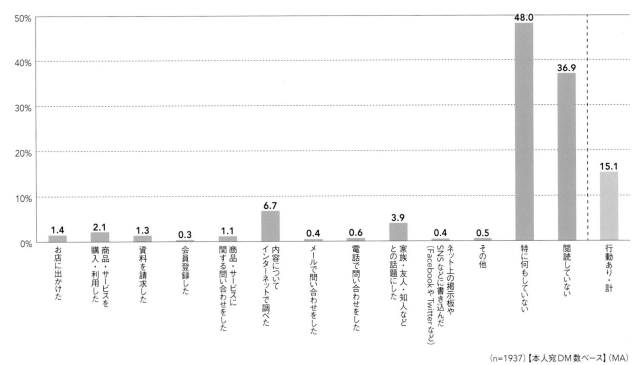

50%

48.0

40%

36.9

30%

20%

15.1

10%

6.7

3.9

2.1

1.4   1.3   0.3   1.1   0.4   0.6   0.4   0.5

0%

お店に出かけた

商品・サービスを購入・利用した

資料を請求した

会員登録した

商品・サービスに関する問い合わせをした

内容についてインターネットで調べた

メールで問い合わせをした

電話で問い合わせをした

家族・友人・知人などとの話題にした

ネット上の掲示板やSNSなどに書き込んだ（FacebookやTwitterなど）

その他

特に何もしていない

閲読していない

行動あり・計

(n=1937)【本人宛DM数ベース】(MA)

**自分宛のDM閲読後の
行動理由**

「興味のある内容だったから」が最多で45%

閲読後の行動理由については、「興味のある内容だったから」が44.9%で最も高く、次いで「ちょうどよいタイミングだったから（欲しい・行きたい）」（21.2%）と「書いてある内容に魅かれたから」（21.2%）が並んだ。期間限定、クーポン、割引特典などのオファーも一定の効果が見られる。

60%

44.9

40%

21.2   21.2

20%   16.8

14.7   14.7

11.0

9.2

3.1   2.4   2.7   2.7

0%

ちょうど良いタイミングだったから（欲しい・行きたい）

興味のある内容だったから

割引特典に魅かれたから

クーポンなどの特典があったから

書いてある内容に魅かれたから

期間限定商品・サービスだったから

内容がわかりやすかったから

ダイレクトメールのコピーやデザインが良かったから

仕事に役立ちそうだったから

家族・友人・知人などに教えてあげたい情報だったから

その他

特に理由はない

(回答者n=63、DM数n=292)【本人宛DM閲覧後行動者ベース】(MA)

DATA 10

閲読後の
DMの扱い

自分宛ならば54%が保管されている

閲読後のDMの扱いは、「自分が保管」が44.8%、「家族や友人・知人に渡す」が10%、「捨てた」が45.2%。自分宛のDMは54.3%が保管されているが、それ以外は非保管率が高まる。DMの形状別では

「小包」が保管される割合が68.6%と高い。差出人の業種別では家電量販店・携帯電話・インターネット通信サービス関連では保管が6割を超えている。

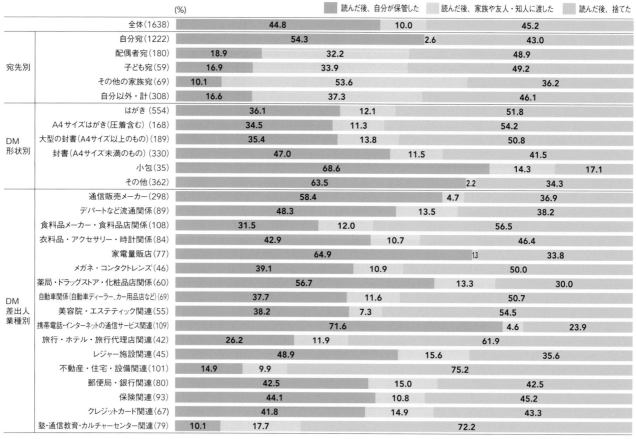

(%)　■ 読んだ後、自分が保管した　□ 読んだ後、家族や友人・知人に渡した　□ 読んだ後、捨てた

		自分が保管	渡した	捨てた
	全体(1638)	44.8	10.0	45.2
宛先別	自分宛(1222)	54.3	2.6	43.0
	配偶者宛(180)	18.9	32.2	48.9
	子ども宛(59)	16.9	33.9	49.2
	その他の家族宛(69)	10.1	53.6	36.2
	自分以外・計(308)	16.6	37.3	46.1
DM形状別	はがき(554)	36.1	12.1	51.8
	A4サイズはがき(圧着含む)(168)	34.5	11.3	54.2
	大型の封書(A4サイズ以上のもの)(189)	35.4	13.8	50.8
	封書(A4サイズ未満のもの)(330)	47.0	11.5	41.5
	小包(35)	68.6	14.3	17.1
	その他(362)	63.5	2.2	34.3
DM差出人業種別	通信販売メーカー(298)	58.4	4.7	36.9
	デパートなど流通関係(89)	48.3	13.5	38.2
	食品品メーカー・食料品店関係(108)	31.5	12.0	56.5
	衣料品・アクセサリー・時計関係(84)	42.9	10.7	46.4
	家電量販店(77)	64.9	1.3	33.8
	メガネ・コンタクトレンズ(46)	39.1	10.9	50.0
	薬局・ドラッグストア・化粧品店関係(60)	56.7	13.3	30.0
	自動車関係(自動車ディーラー,カー用品店など)(69)	37.7	11.6	50.7
	美容院・エステティック関連(55)	38.2	7.3	54.5
	携帯電話・インターネットの通信サービス関連(109)	71.6	4.6	23.9
	旅行・ホテル・旅行代理店関連(42)	26.2	11.9	61.9
	レジャー施設関連(45)	48.9	15.6	35.6
	不動産・住宅・設備関連(101)	14.9	9.9	75.2
	郵便局・銀行関連(80)	42.5	15.0	42.5
	保険関連(93)	44.1	10.8	45.2
	クレジットカード関連(67)	41.8	14.9	43.3
	塾・通信教育・カルチャーセンター関連(79)	10.1	17.7	72.2

【全DM数の閲読ベース】

DATA 11

One to One
メッセージの
パーソナライズ認知

「年齢、性別、誕生日などに関係したサービスの提供」「クーポン」などの認知率が高い

パーソナライズの認知率は全体で61%。特に「年齢、性別、誕生日などに関係したサービスの提供」（32%）、「最近購入した商品関連のクーポン」（29%）などの割合が高い。世帯年収別では、900

万以上のH層で「最近購入した商品関連のクーポン」「閲覧したWebサイトに関係したプロモーションの案内」「名前やポイントなど私に直接関係した情報が載っている」が特に高くなっている。

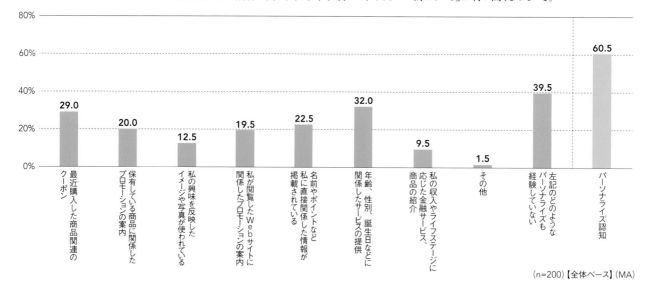

最近購入した商品関連のクーポン	保有している商品に関係したプロモーションの案内	私の興味を反映したイメージや写真が使われている	私が閲覧したWebサイトに関係したプロモーションの案内	名前やポイントなど私に直接関係した情報が掲載されている	年齢、性別、誕生日などに関係したサービスの提供	私の収入やライフステージに応じた金融サービス、商品の紹介	その他	左記のどのようなパーソナライズも経験していない	パーソナライズ認知
29.0	20.0	12.5	19.5	22.5	32.0	9.5	1.5	39.5	60.5

(n=200)【全体ベース】(MA)

DATA 12
One to One メッセージの パーソナライズ開封意向

男女ともに約半数が開封意向あり

パーソナライズされたDMの開封意向は全体で48%。「あまり開封・閲読したくない」「開封・閲読したくない」は14.5%に止まり、開封・閲読を促すには有効だ。男女では女性がやや上回るものの大きな違いはない。

年代別で見ると、男性は40代、50代と意向が下がる傾向があった。世帯年収別で見ると、500万円未満のL層で意向が低く、4割を下回っている。

凡例: 開封、閲読してみたい / まあ開封、閲読してみたい / どちらともいえない / あまり開封、閲読したくない / 開封、閲読したくない / わからない

(%)

		開封、閲読してみたい	まあ開封、閲読してみたい	どちらともいえない	あまり開封、閲読したくない	開封、閲読したくない	わからない
	全体(200)	10.5	37.5	33.0	9.5	5.0	4.5
性別	男性(102)	8.8	38.2	30.4	10.8	6.9	4.9
	女性(98)	12.2	36.7	35.7	8.2	3.1	4.1
性年代別	男性20代(16)	12.5	43.8	12.5	12.5	12.5	6.3
	男性30代(30)	16.7	40.0	26.7	6.7	3.3	6.7
	男性40代(25)		52.0	32.0	12.0		4.0
	男性50代(31)	6.5	22.6	41.9	12.9	9.7	6.5
	女性20代(21)	9.5	38.1	42.9	4.8		4.8
	女性30代(25)	16.0	32.0	40.0	8.0		4.0
	女性40代(32)	9.4	43.8	34.4	6.3	3.1	3.1
	女性50代(20)	15.0	30.0	25.0	15.0	10.0	5.0
未既婚子ども有無別	未婚(96)	11.5	36.5	31.3	7.3	8.3	5.2
	既婚子どもなし(26)	7.7	34.6	42.3	11.5		3.8
	既婚子どもあり(78)	10.3	39.7	32.1	11.5	2.6	3.8
世帯年収別	H(900万円以上)(47)	14.9	38.3	31.9	8.5	2.1	4.3
	M(500~900万円未満)(62)	6.5	50.0	27.4	6.5	6.5	3.2
	L(500万円未満)(71)	8.5	31.0	33.8	12.7	7.0	7.0

【全体ベース】

DATA 13
WebメディアアクセスDM の受け取り有無

約4割の人がWebサイトにアクセスした経験がある

二次元コードやURLなどからWebへの誘導を行う「メディアアクセスDM」は、全体の60%が受け取ったことがあると回答。アクセス経験率は38.5%だった。性別で見ると、受け取り経験・アクセス経験ともに男性の方が高い。受け取り経験が最も高いのは男性20代で、アクセス経験が最も高いのは男性40代だった。世帯年収別で見ると、両経験ともに900万円以上のH層が高かった。

◆ メディアアクセスDM受け取り経験 ◆
凡例: ある / たまにある / ない

(%)

		ある	たまにある	ない
	全体(200)	29.5	30.5	40.0
性別	男性(102)	34.3	30.4	35.3
	女性(98)	24.5	30.6	44.9
性年代別	男性20代(16)	43.8	31.3	25.0
	男性30代(30)	36.7	33.3	30.0
	男性40代(25)	28.0	40.0	32.0
	男性50代(31)	32.3	19.4	48.4
	女性20代(21)	33.3	23.8	42.9
	女性30代(25)	32.0	28.0	40.0
	女性40代(32)	15.6	34.4	50.0
	女性50代(20)	20.0	35.0	45.0
未既婚子ども有無別	未婚(96)	27.1	29.2	43.8
	既婚子どもなし(26)	23.1	38.5	38.5
	既婚子どもあり(78)	34.6	29.5	35.9
世帯年収別	H(900万円以上)(47)	42.6	23.4	34.0
	M(500~900万円未満)(62)	27.4	30.6	41.9
	L(500万円未満)(71)	22.5	36.6	40.8

◆ アクセス経験 ◆

(%)

		ある	たまにある	ない
	全体(200)	9.0	29.5	61.5
性別	男性(102)	8.8	34.3	56.9
	女性(98)	9.2	24.5	66.3
性年代別	男性20代(16)	18.8	31.3	50.0
	男性30代(30)	13.3	30.0	56.7
	男性40代(25)	4.0	52.0	44.0
	男性50代(31)	3.2	25.8	71.0
	女性20代(21)	9.5	28.6	61.9
	女性30代(25)	16.0	24.0	60.0
	女性40代(32)	6.3	25.0	68.8
	女性50代(20)	5.0	20.0	75.0
未既婚子ども有無別	未婚(96)	7.3	28.1	64.6
	既婚子どもなし(26)	3.8	38.5	57.7
	既婚子どもあり(78)	12.8	28.2	59.0
世帯年収別	H(900万円以上)(47)	12.8	29.8	57.4
	M(500~900万円未満)(62)	9.7	29.0	61.3
	L(500万円未満)(71)	7.0	29.6	63.4

【全体ベース】

91

DATA 14
年賀状や官製はがきに対する印象

「ダイレクトメールらしい」と感じるのは、私製タイプのはがき

年賀状や官製はがきに対する印象を見ると、「もらってうれしい」「オフィシャルできちんとしている」「読んでみたい」と感じるのは、『【A】年賀状や官製はがきなどのように切手部分をあらかじめ印刷されたタイプ』の方が多数。逆に「ダイレクトメールらしい」と感じるのは、『【B】通常の私製タイプ(切手部分が「後納」「別納」表示のもの)』の方が多数。

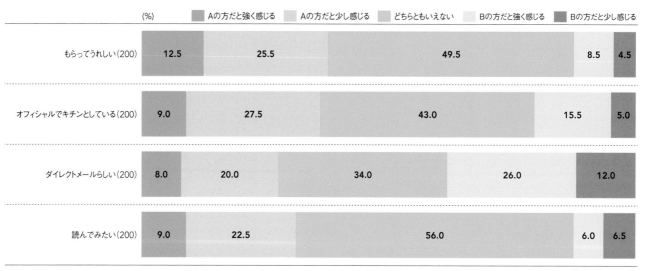

(%)	Aの方だと強く感じる	Aの方だと少し感じる	どちらともいえない	Bの方だと強く感じる	Bの方だと少し感じる
もらってうれしい(200)	12.5	25.5	49.5	8.5	4.5
オフィシャルでキチンとしている(200)	9.0	27.5	43.0	15.5	5.0
ダイレクトメールらしい(200)	8.0	20.0	34.0	26.0	12.0
読んでみたい(200)	9.0	22.5	56.0	6.0	6.5

【全DM数ベース】

DATA 15
新型コロナウイルスの影響

感染を警戒しながらも、カタログやDMをじっくり読む人は20%弱

新型コロナウイルスの影響を詳しく見ると、「ショッピングやイベントなどには行きたいが、多くの人が集まりそうなところは避けたい」については、女性の方が高く、男女差が見られる。世帯年収別で見ると、世帯年収別500万円未満の層は、「物を買う時には店舗や百貨店よりも通販やネットショッピングを利用することが多くなった」「仕事や付き合いで、ネット経由のコミュニケーションでは不十分だと感じる」などにおいて、他の2層との開きが大きい項目が多い。

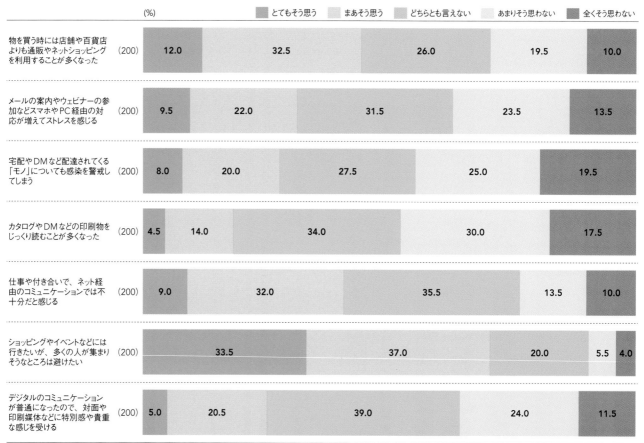

(%)	とてもそう思う	まあそう思う	どちらとも言えない	あまりそう思わない	全くそう思わない
物を買う時には店舗や百貨店よりも通販やネットショッピングを利用することが多くなった (200)	12.0	32.5	26.0	19.5	10.0
メールの案内やウェビナーの参加などスマホやPC経由の対応が増えてストレスを感じる (200)	9.5	22.0	31.5	23.5	13.5
宅配やDMなど配達されてくる「モノ」についても感染を警戒してしまう (200)	8.0	20.0	27.5	25.0	19.5
カタログやDMなどの印刷物をじっくり読むことが多くなった (200)	4.5	14.0	34.0	30.0	17.5
仕事や付き合いで、ネット経由のコミュニケーションでは不十分だと感じる (200)	9.0	32.0	35.5	13.5	10.0
ショッピングやイベントなどには行きたいが、多くの人が集まりそうなところは避けたい (200)	33.5	37.0	20.0	5.5	4.0
デジタルのコミュニケーションが普通になったので、対面や印刷媒体などに特別感や貴重な感じを受ける (200)	5.0	20.5	39.0	24.0	11.5

【全DM数ベース】

【事例で学ぶ】
成功するDMの極意
全日本DM大賞年鑑2021

発行日	2021年4月10日　初版
編集	株式会社宣伝会議
編集協力	日本郵便株式会社
発行者	東 彦弥
発行所	株式会社宣伝会議
	〒107-8550
	東京都港区南青山3-11-13
	TEL.03-3475-3010（代表）
	URL　https://www.sendenkaigi.com/
デザイン	株式会社ビーワークス
本文レイアウト	株式会社アイフィス
執筆協力	椎名昌彦（一般社団法人日本ダイレクトメール協会）
	堀口浩司（日本郵便株式会社）
印刷・製本	凸版印刷株式会社

ISBN978-4-88335-526-6

最新動向がつかめる
宣伝・広告・マーケティングの専門誌

毎月1日発売　1,182円＋税

アイデア発想を広げる
広告クリエイティブの専門誌

毎月1日発売　1,182円＋税

「人が集まる」「商品が売れる」ための
アイデアが揃う販売促進の専門誌

毎月1日発売　1,182円＋税

情報伝達スキルが身につく
日本で唯一の広報専門誌

毎月1日発売　1,182円＋税

激変するメディア環境を読み解く
メディアの今がわかる

別冊

マーケティングの事例研究に

デジタル版なら、記事を全文検索。
あの会社の広告事例もまとめて見れる！

宣伝会議の雑誌

www.sendenkaigi.com/books/

ご購入・お問い合わせは、宣伝会議オンラインで

月刊誌デジタル版
好評配信中

各誌 月額800円（税別）
全誌セット 月額2,800円（税別）

宣伝会議の出版物

各商品に関する詳しい情報はホームページをご覧ください。

「アイデアの起点の作り方」を一冊の本に凝縮

コピーライティングとアイデアの発想法

コピーライティングと
アイデアの発想法
〜クリエイターの思考のスタート地点〜

赤城廣治、麻生哲朗、
岡本欣也、倉成英俊、岩田純平、
こやま淳子、下東史明、磯島拓矢、
玉山貴康、都築徹、児島令子、小西利行、
中村禎、角田誠、菅野薫、谷山雅計、
眞鍋海里、左俊幸、中島信也、
横澤宏一郎、三井明子、細田高広、
渡辺潤平、藤本宗将、山口広輝、山本高史
※仲畑貴志「はじ」

言葉を使って人の心を動かすスキルは、
あなたの強力な武器になる 一仲畑貴志

宣伝会議コピーライター養成講座の講師を中心に、26人のコピーライター・プランナーたちが何からアイデアを考え始めるか、その起点とプロセスについて掘り下げます。巻末には、47人のクリエイターによる「未来のコピーライターへの手紙」を収録。

宣伝会議コピーライター養成講座 編
本体：1,800円＋税
ISBN 978-4-88335-443-6

"発想体質"になるための31のトレーニング法

広告コピーってこう書くんだ! 読本

広告コピーってこん
う書くん
だ！読本
谷山雅計

新潮文庫「Yonda ?」、「日テレ営業中」などの名コピーを生み出した、コピーライター谷山雅計。広告の最前線で20年以上活躍している著者が実践してきた、普段から自分のアタマを発想体質にするためのトレーニング法を紹介します。宣伝会議のロングセラー。

谷山雅計 著
本体：1,800円＋税
ISBN 978-4-88335-179-4

伝わる言葉のメソッドを紹介

伝わっているか?

コピーライター
小西利行
伝わって
いるか?

「伝える」と「伝わる」は違う。サントリー伊右衛門などを手掛けるコピーライター・小西利行が「伝わる」メソッドを公開。人、そして世の中を動かす、言葉を生む方法論。言葉を変えれば、仕事が変わる。恋愛が変わる。世界が変わる。

小西利行 著
本体：1,400円＋税
ISBN 978-4-88335-304-0

広告コピーの正しい悩み方を学ぶ

最も伝わる言葉を選び抜く コピーライターの思考法

最も伝わる言葉を
選び抜く
コピーライターの
思考法
中村禎

広告コピーの
正しい悩み方

広告コピーを書くということには、言葉を「書き出す」ことと「選び抜く」ことの二つの作業があります。たくさん書けても、いいコピーを選べなければしょうがない。本書はコピーのつくり方・発想法から、選び方まで、コピーのあらゆる要素を網羅しています。

中村禎 著
本体：1,700円＋税
ISBN 978-4-88335-391-5

人の心を動かすには、言葉を磨くしかないんだ。

なんだ、けっきょく最後は言葉じゃないか。

なんだ、
けっきょく
最後は
言葉じゃ
ないか。

伊藤公一 著

人の心を動かすには、
言葉を磨くしかないんだ。

人の気持ちを動かし、行動を促し、ファンを作り出す。そんな言葉を編み出すには、コピーライティングの方法論がヒントになる。本書は電通社内の中堅コピーライターに向けた「コピーゼミ」のテキストを活用し、人の心を動かすコピーの書き方を解説する。

伊藤公一 著
本体：1,600円＋税
ISBN 978-4-88335-511-2

企業や商品の、生まれてきた理由を探す

ステートメント宣言。

ステートメント宣言。
岡本欣也

近年多くの企業が掲げる方針、約束、声明、宣言などの「ステートメント」。本書では、このステートメントの考え方、書き方、伝え方を、著者がこれまでの仕事での経験、さらに師匠である岩崎俊一氏から学んだことをふまえて余すことなく伝えます。

岡本欣也 著
本体：1,800円＋税
ISBN 978-4-88335-517-4